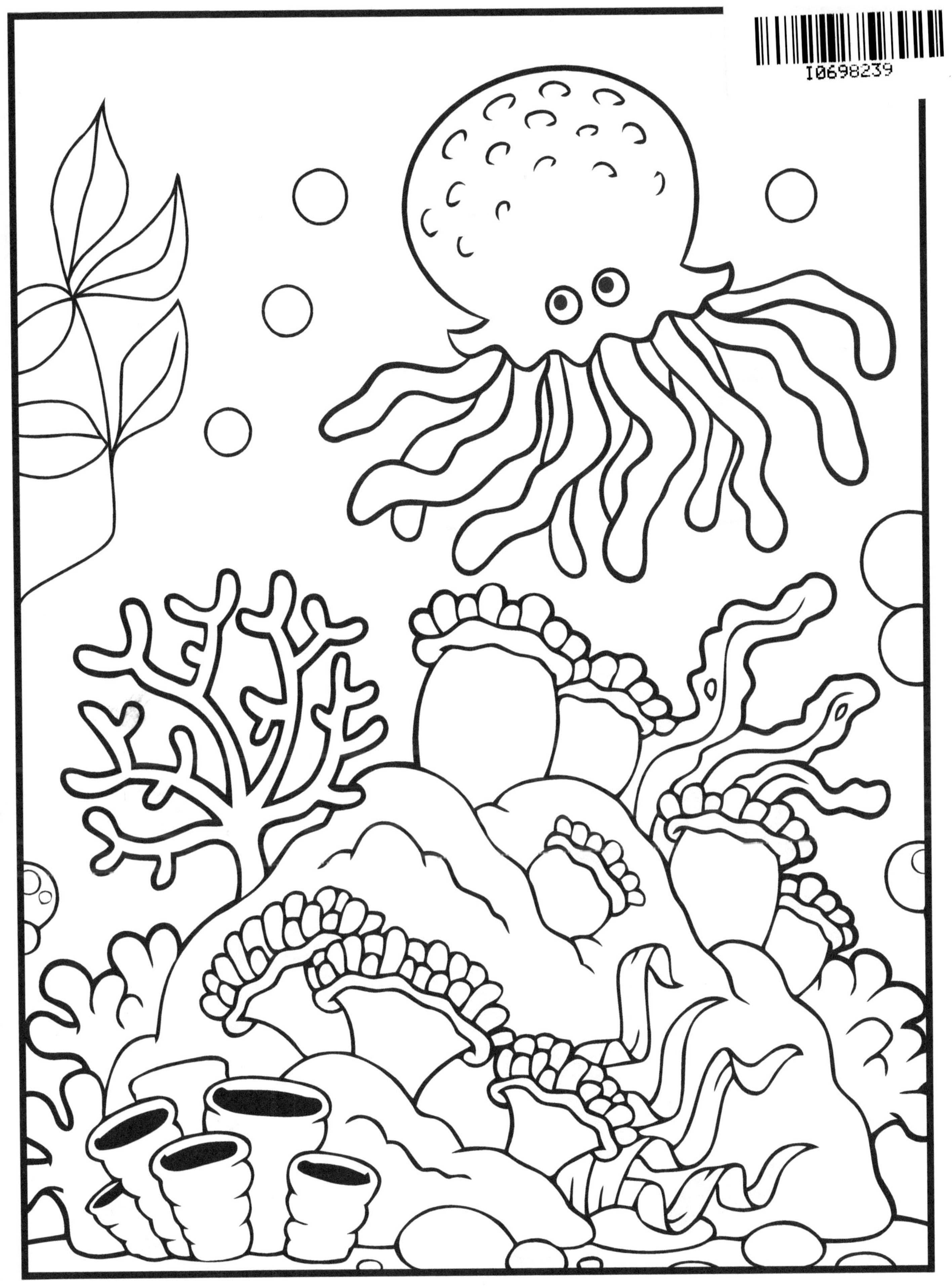
I0698239

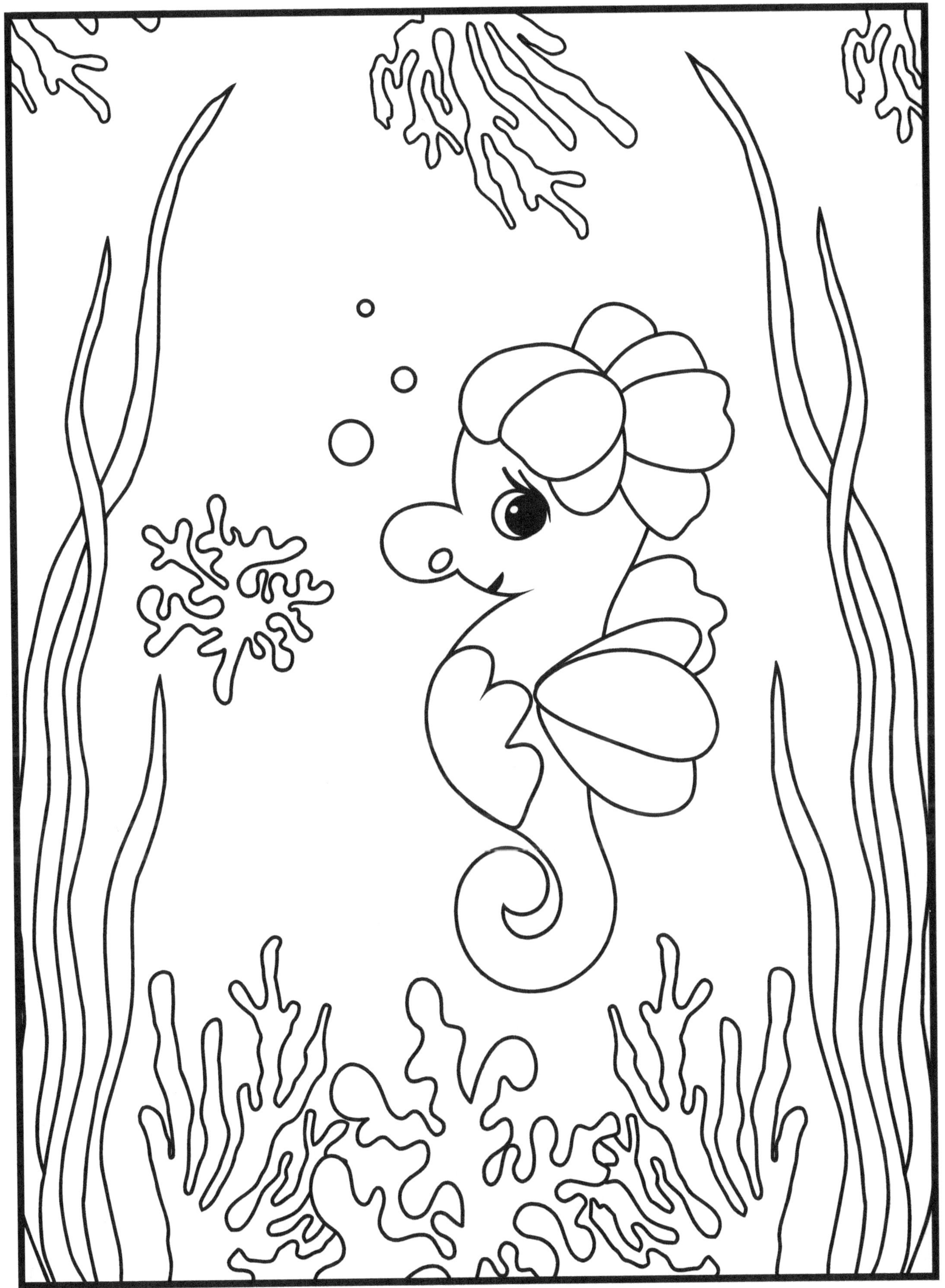

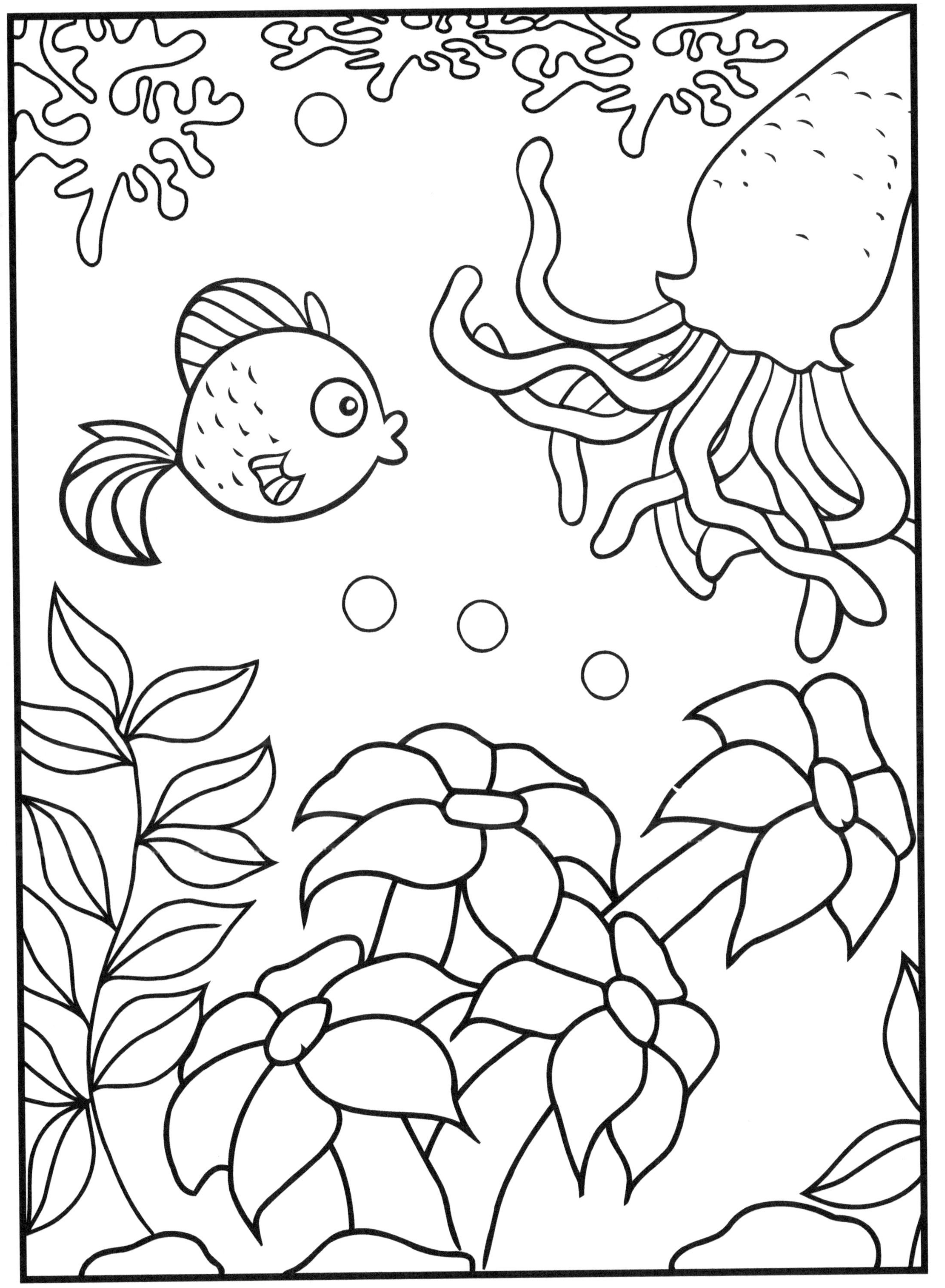

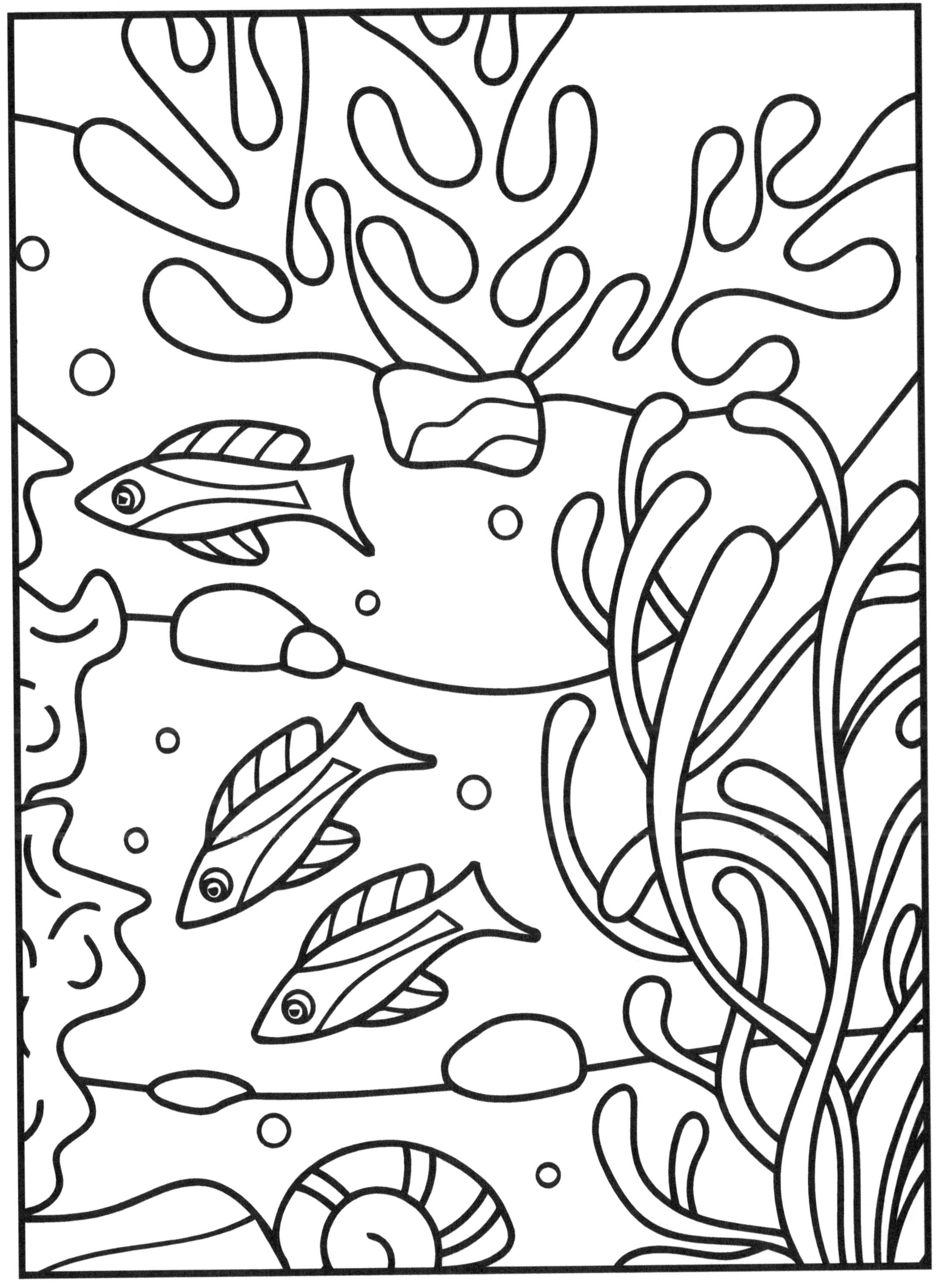

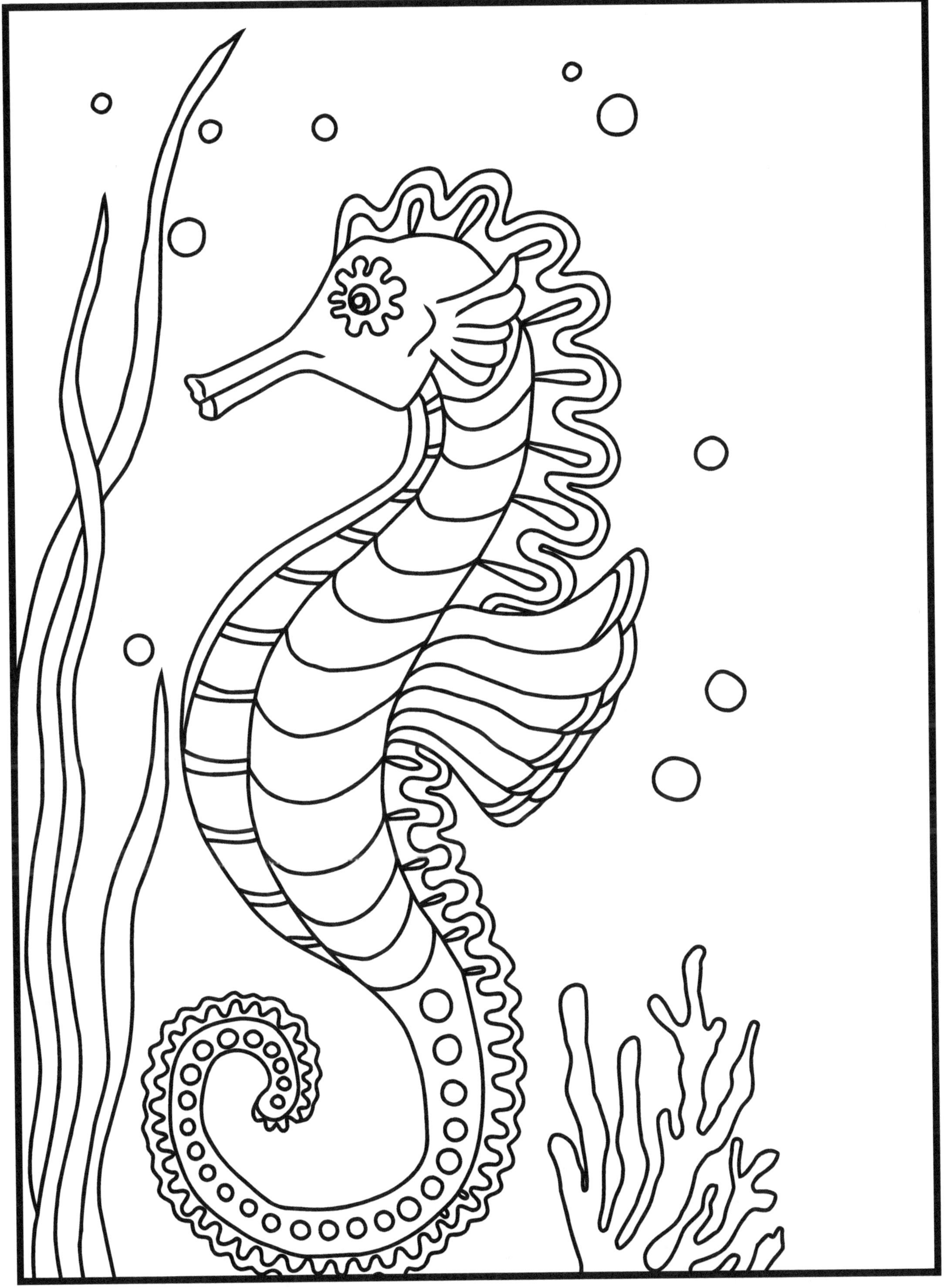

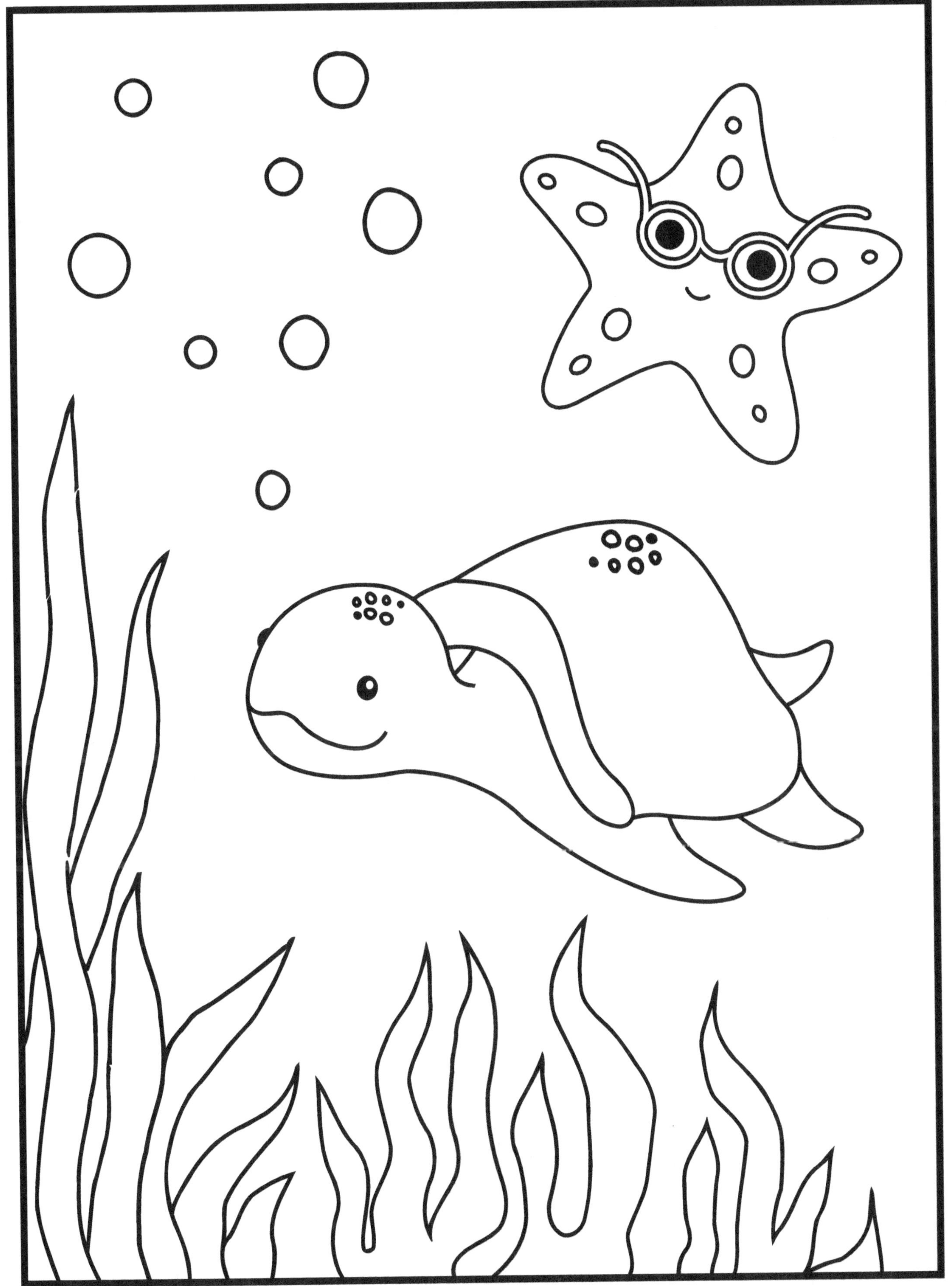

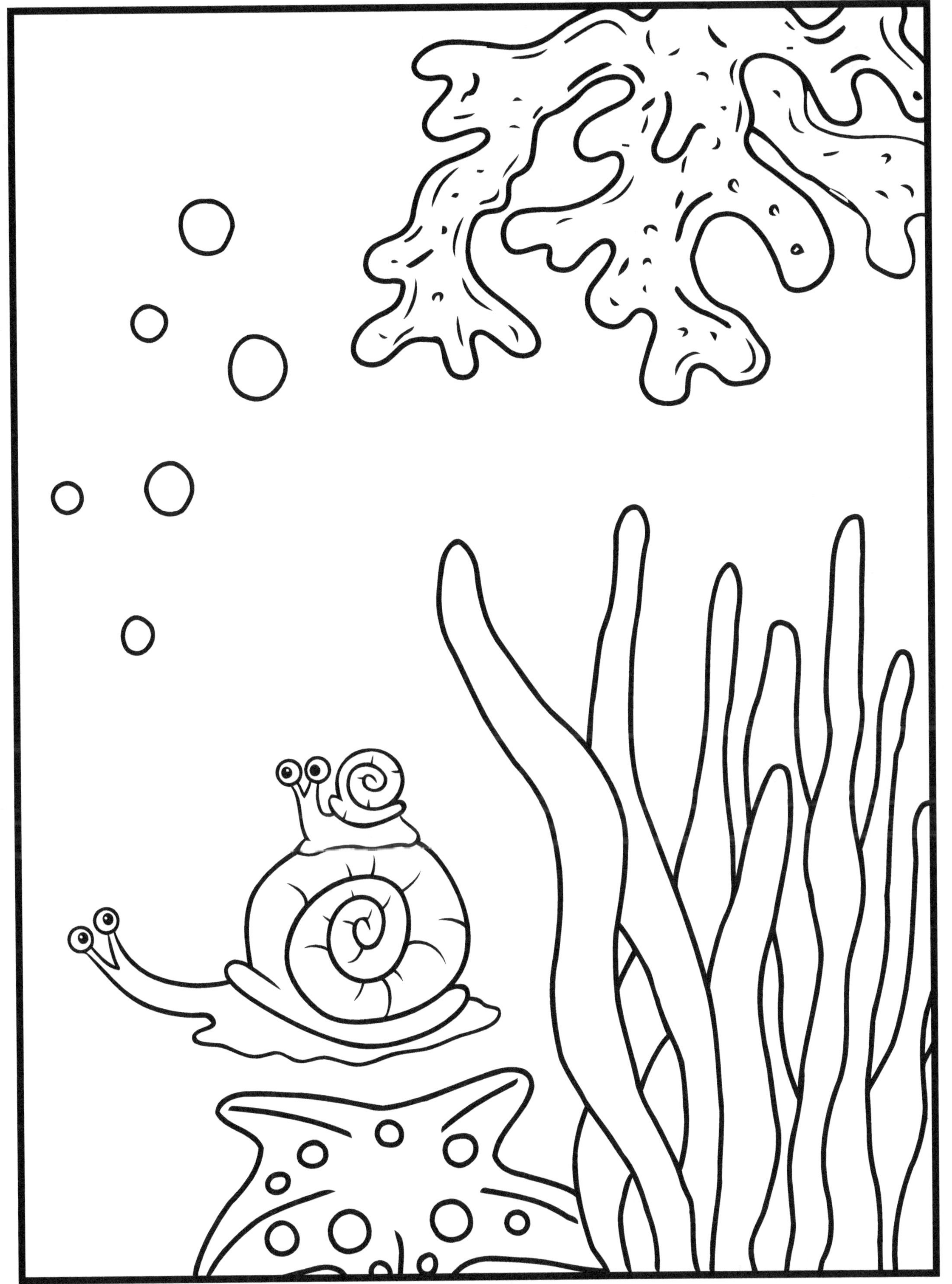

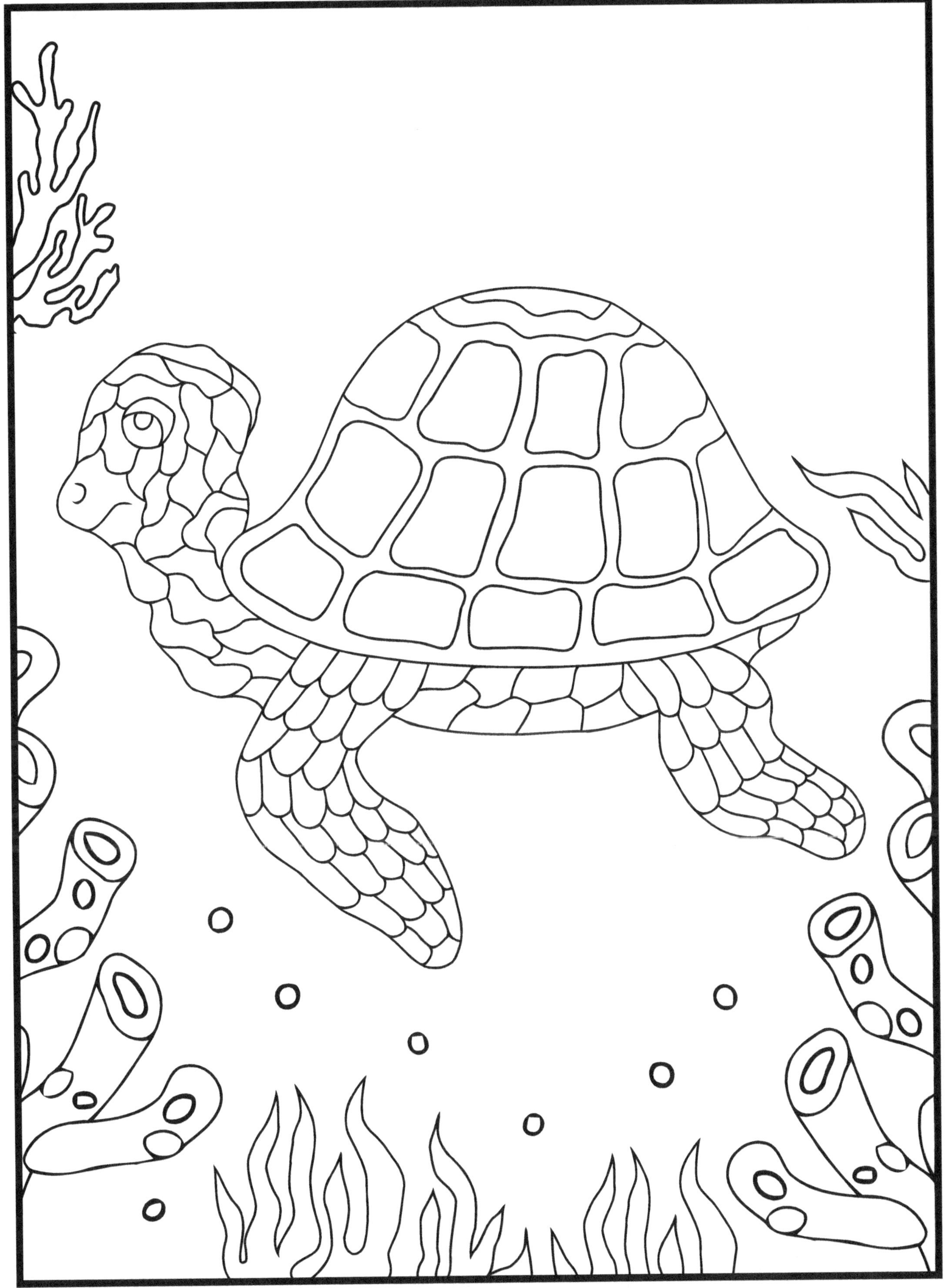

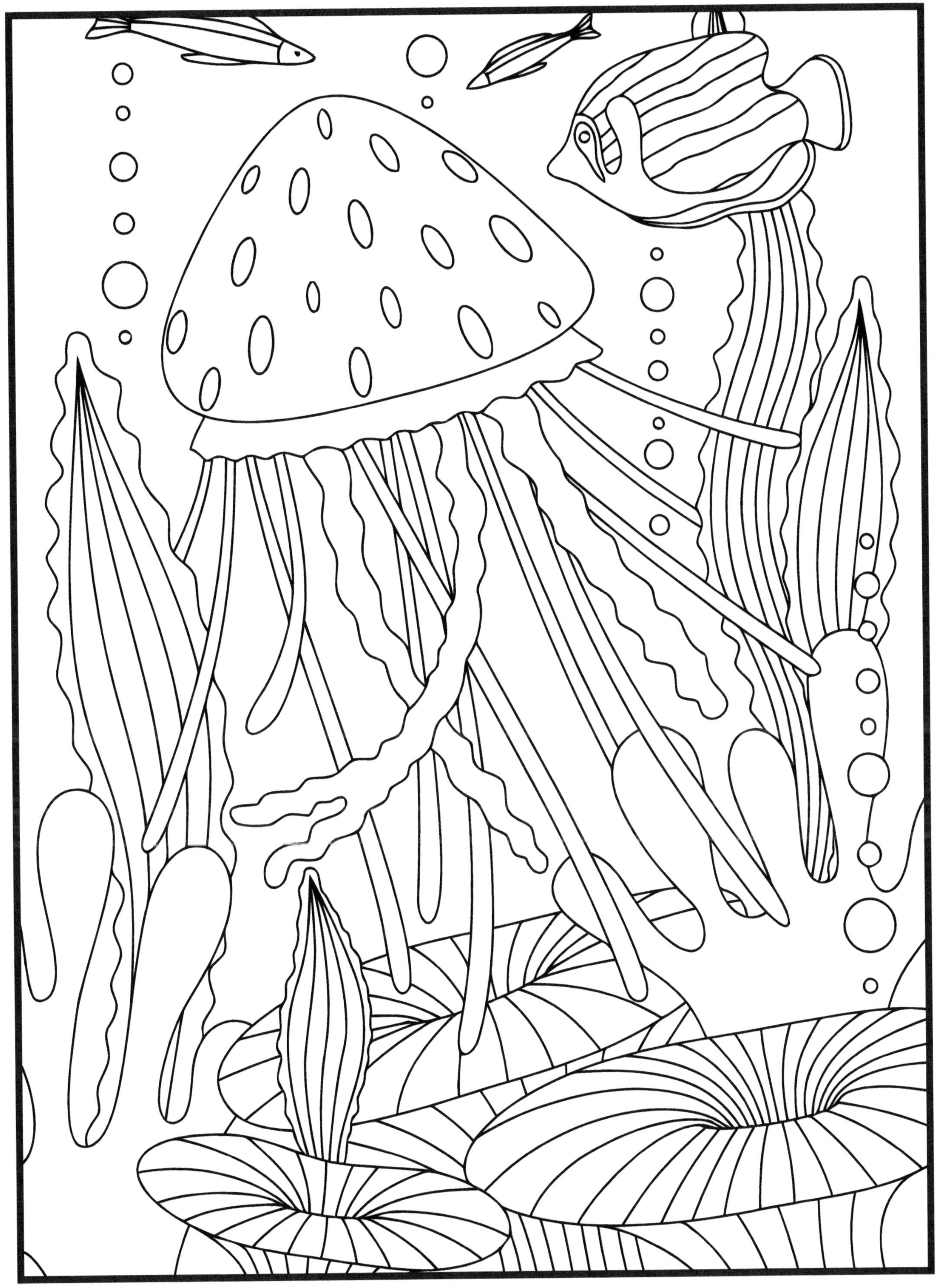

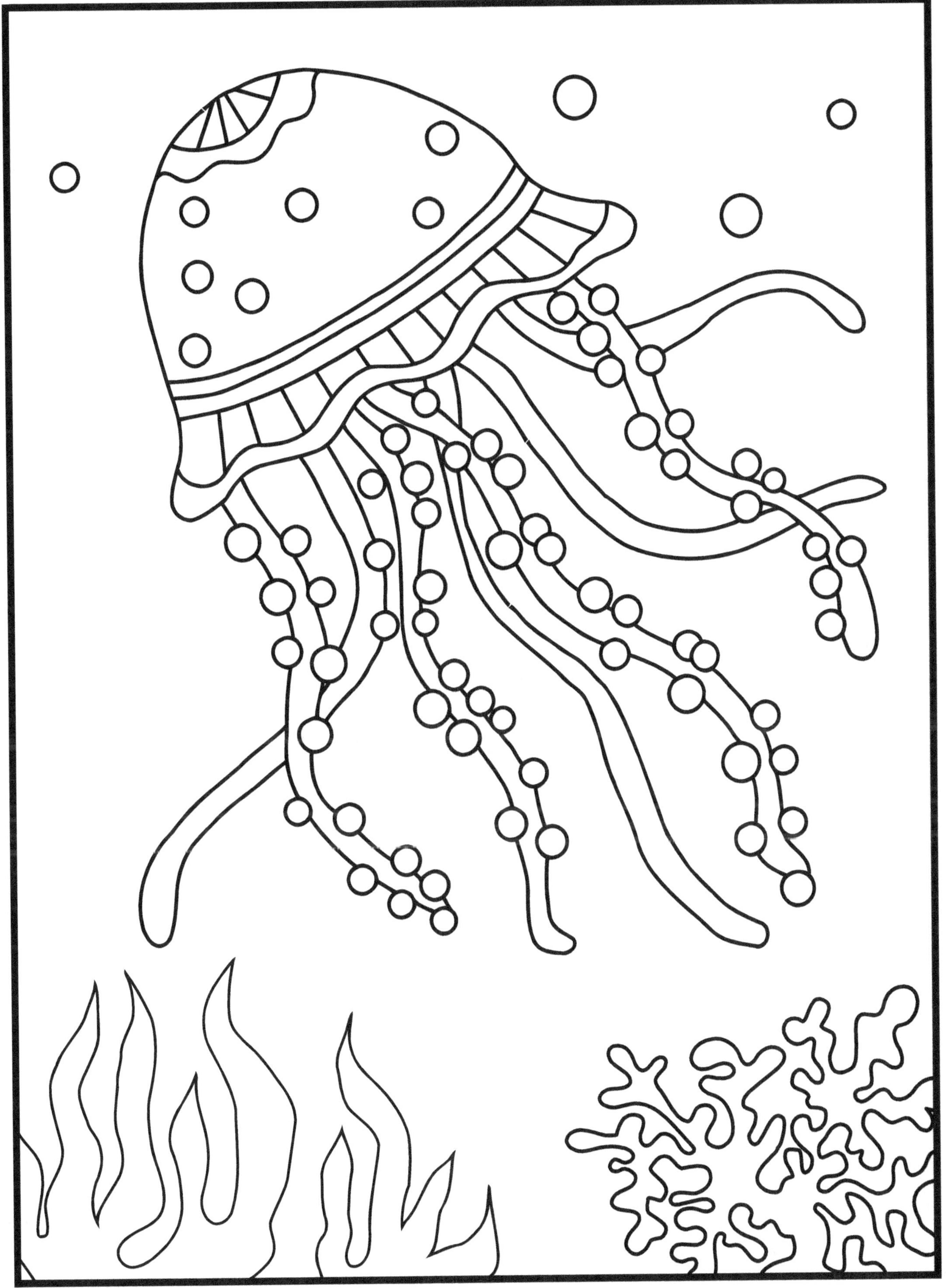

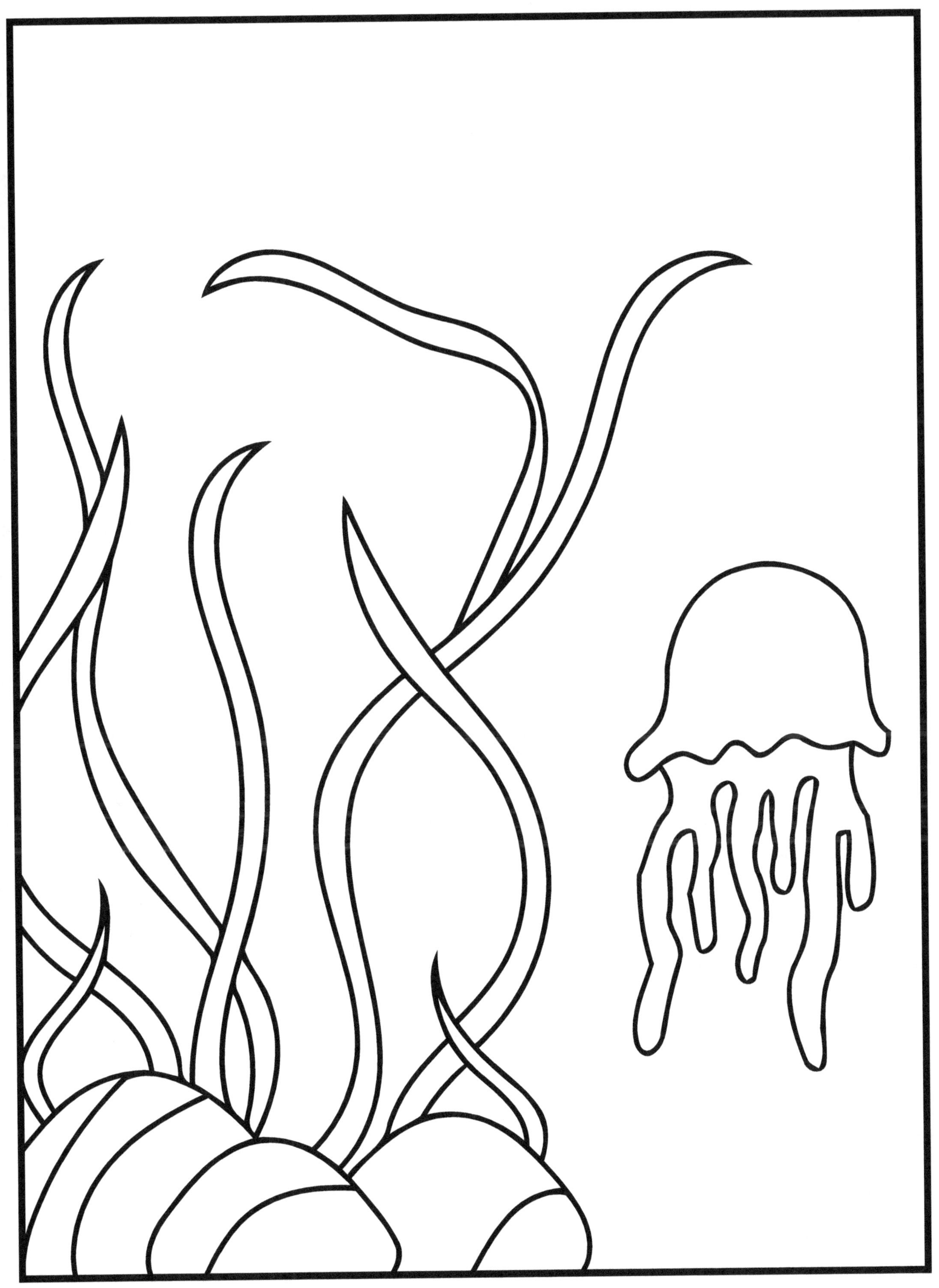

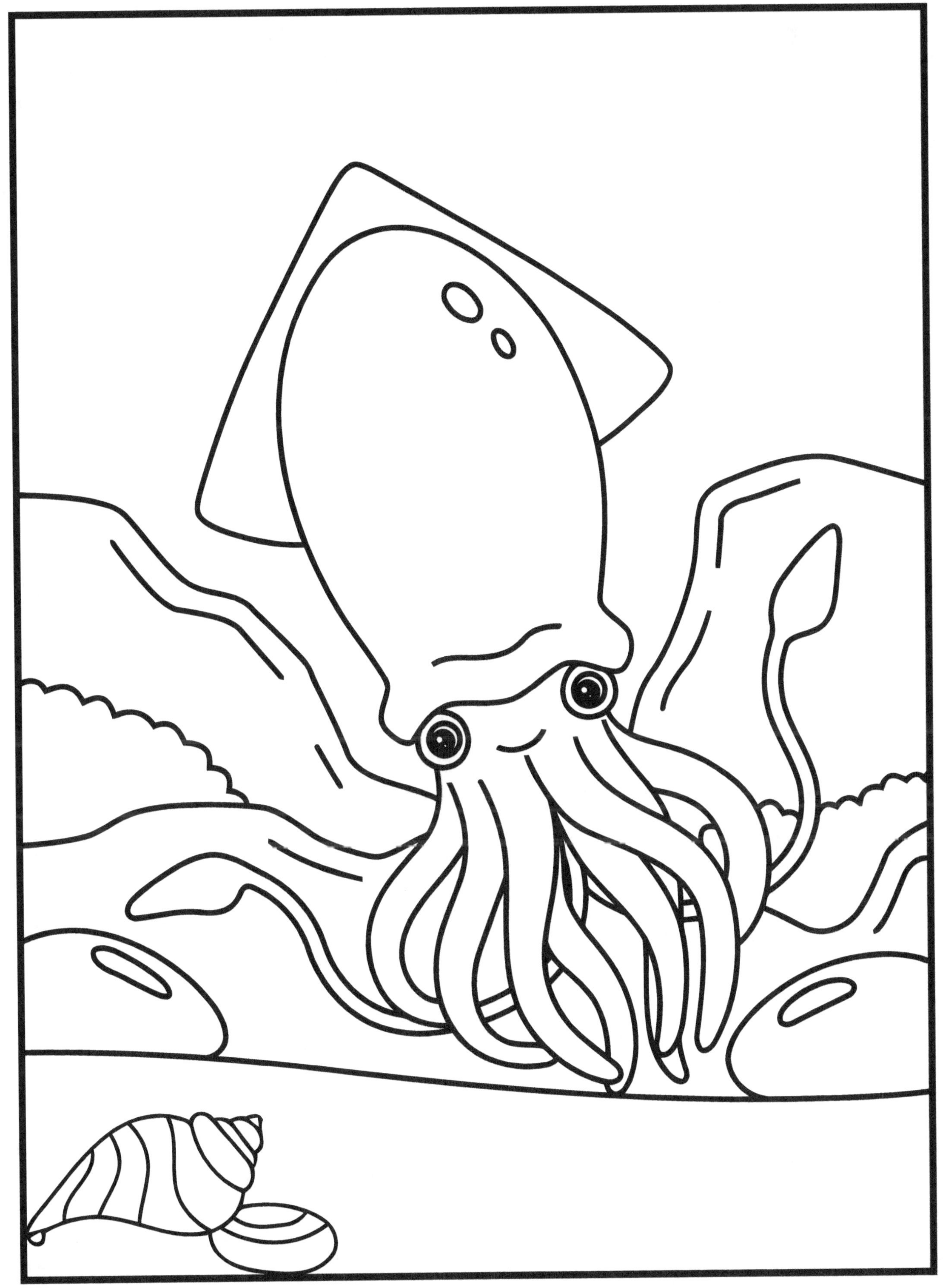

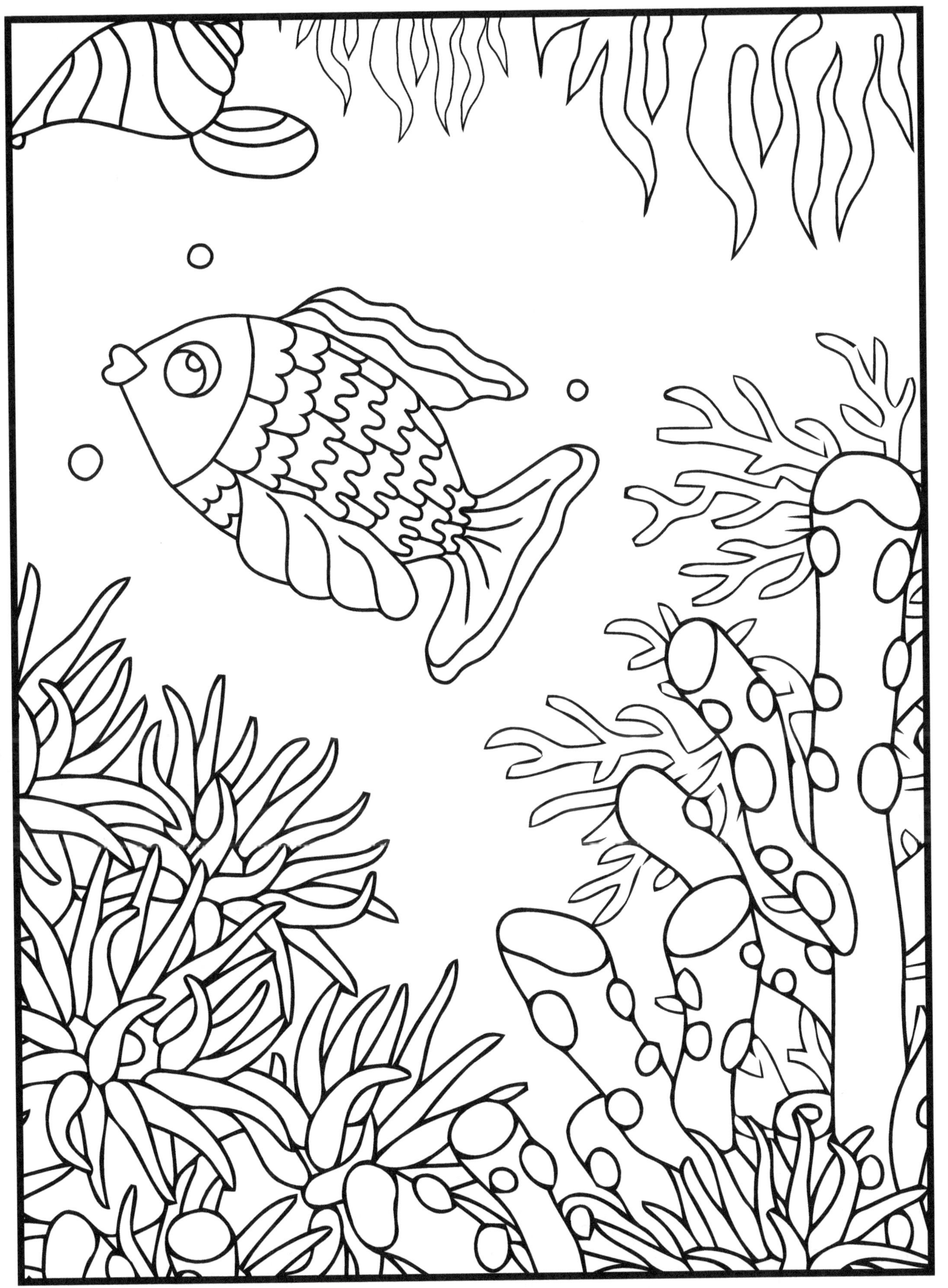

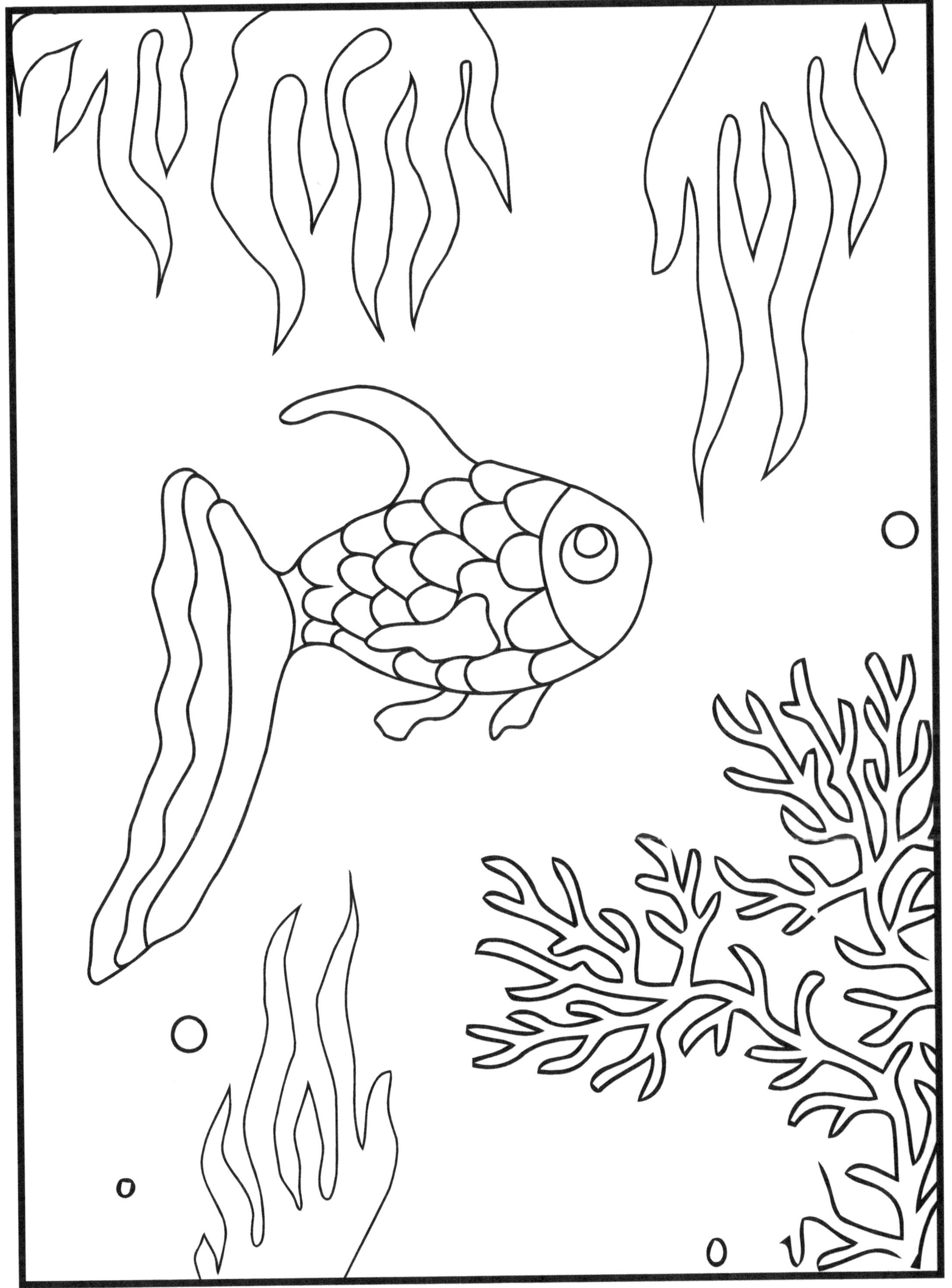

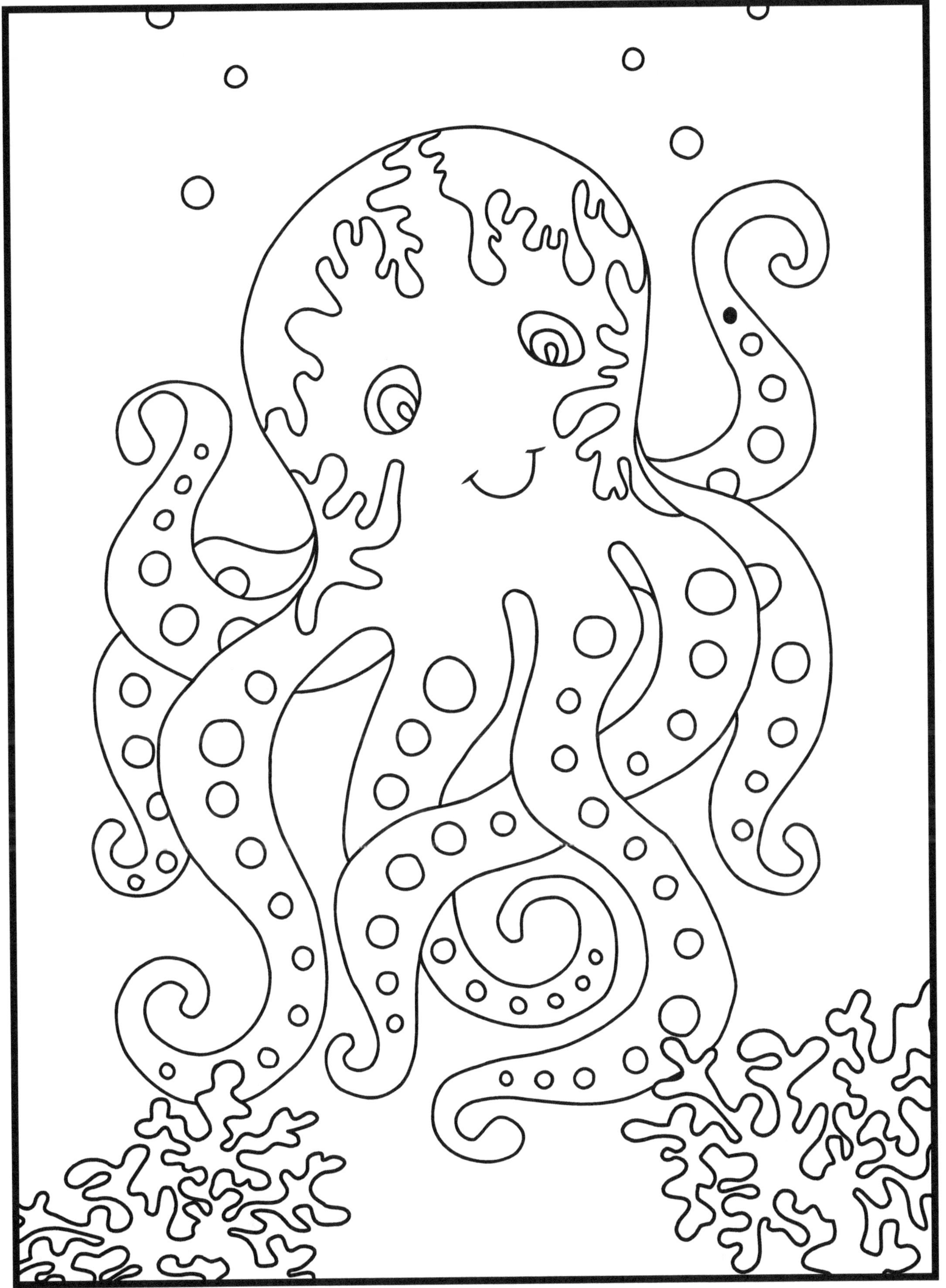

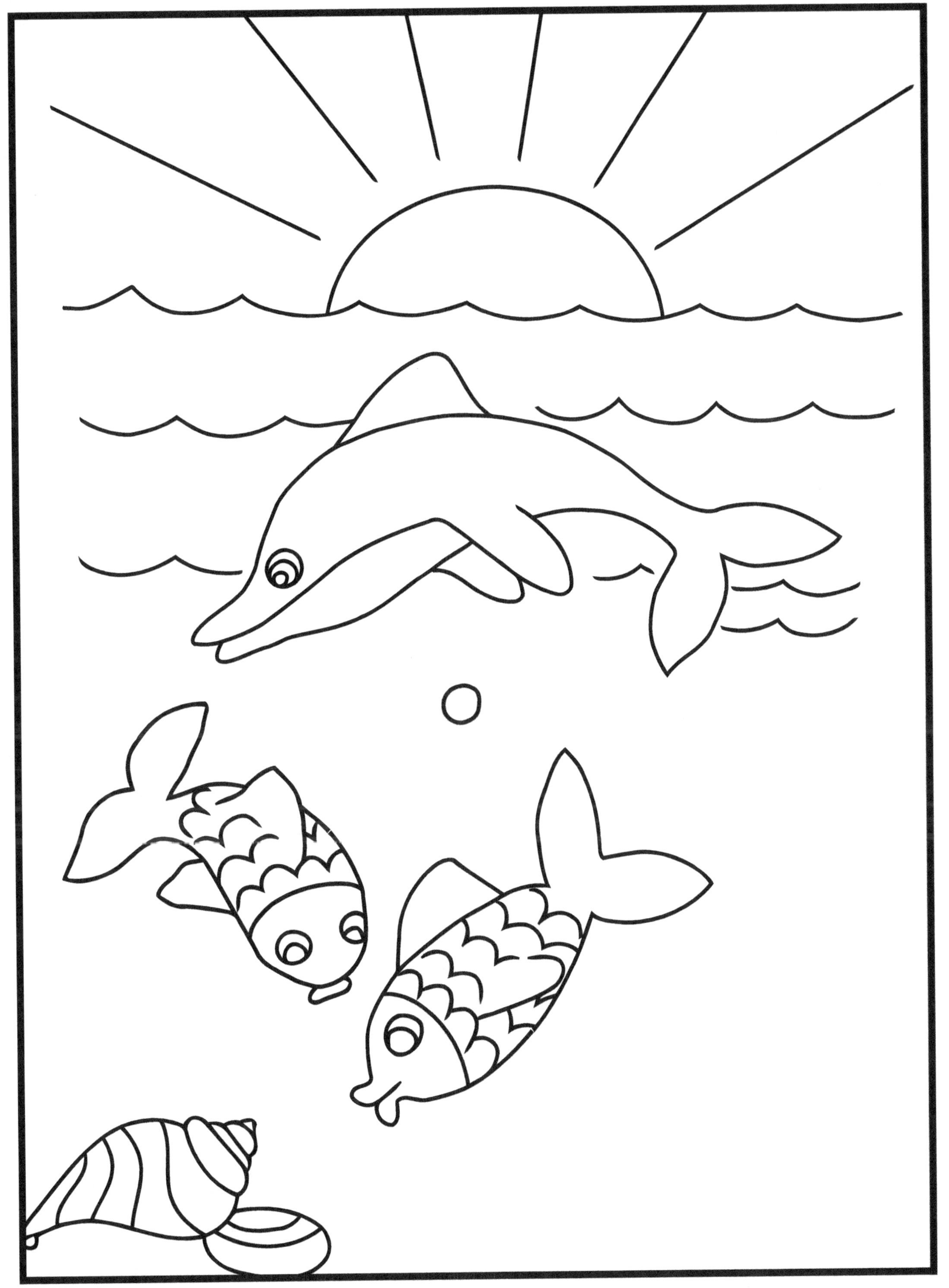

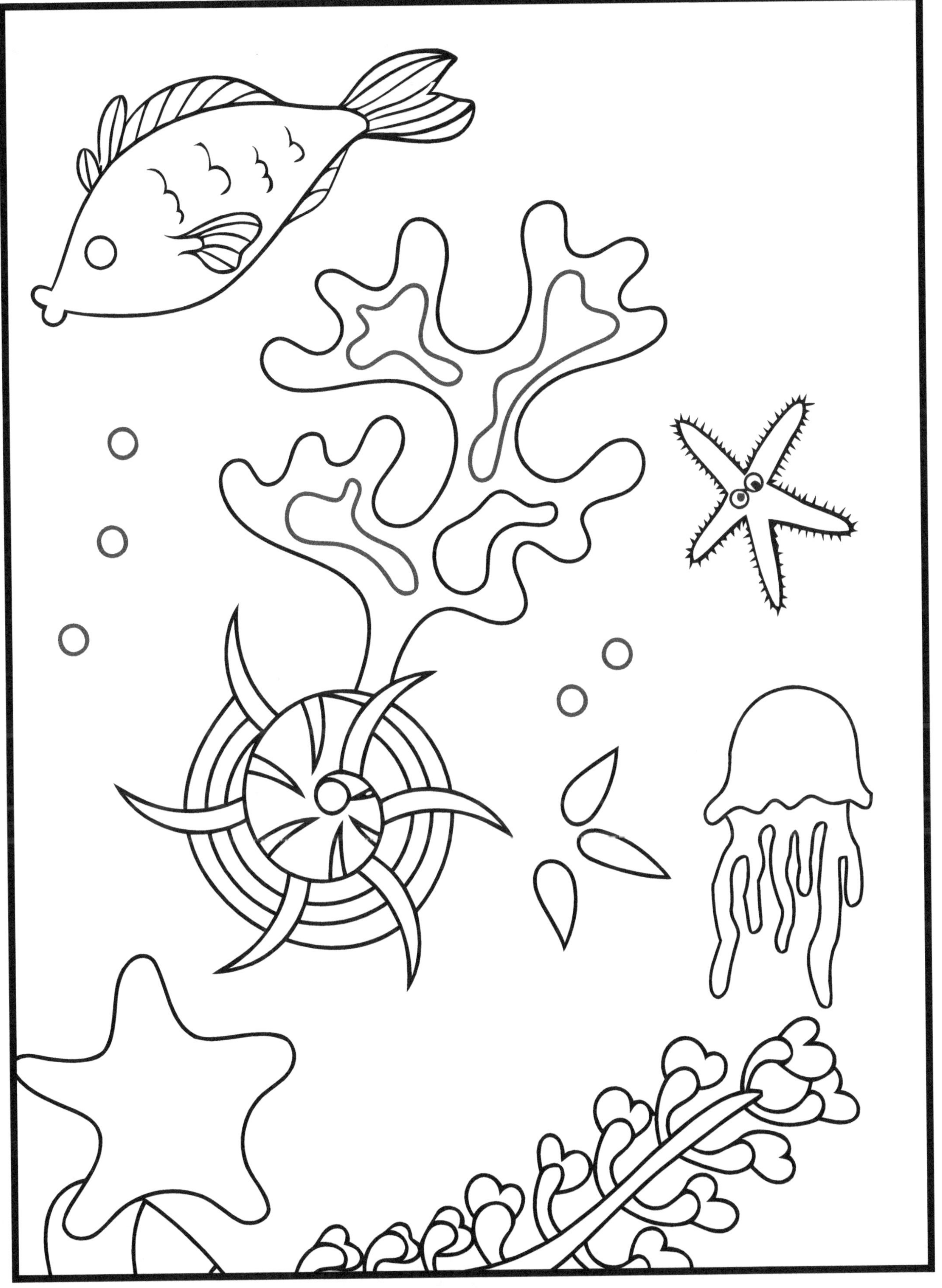

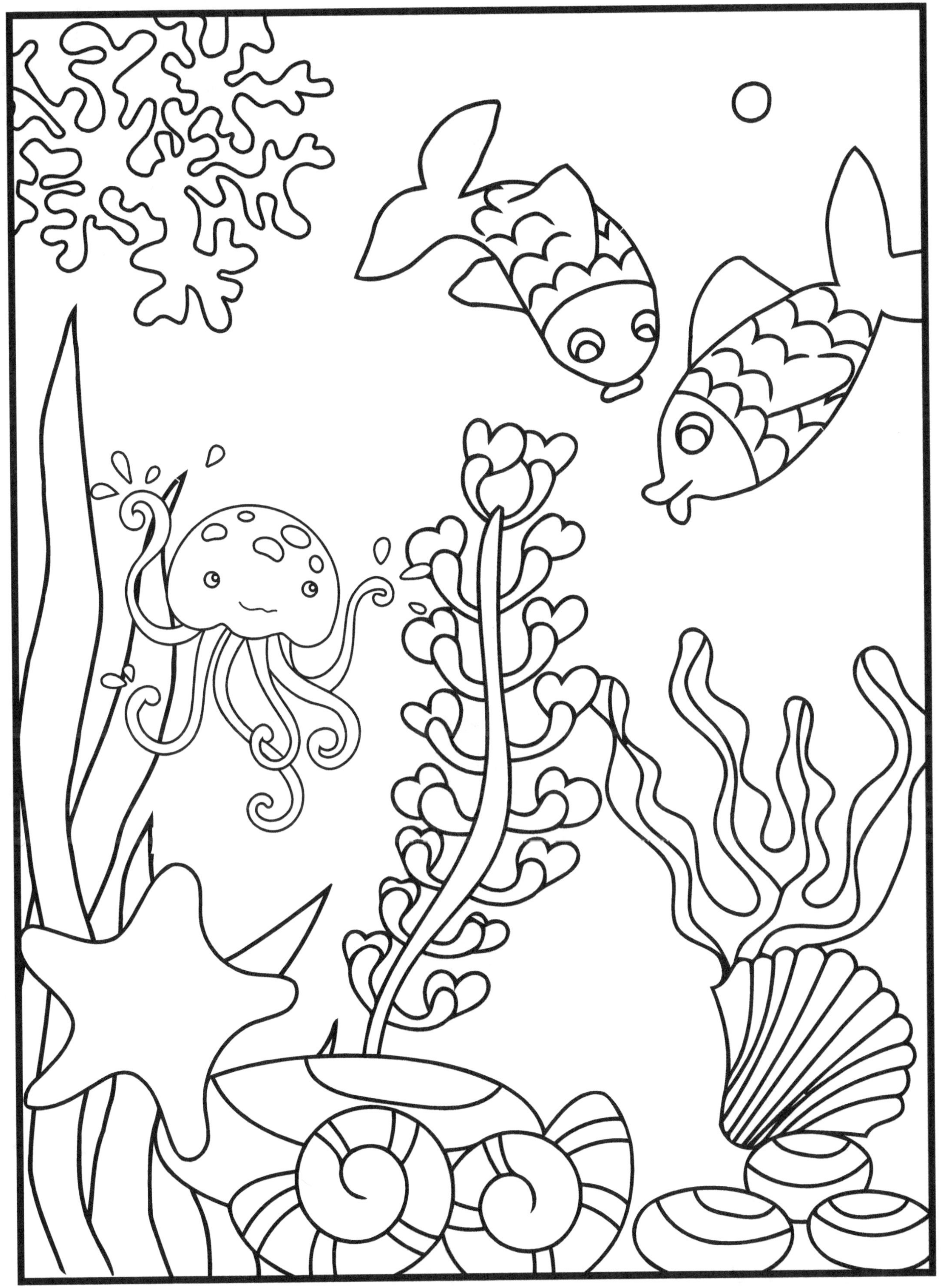

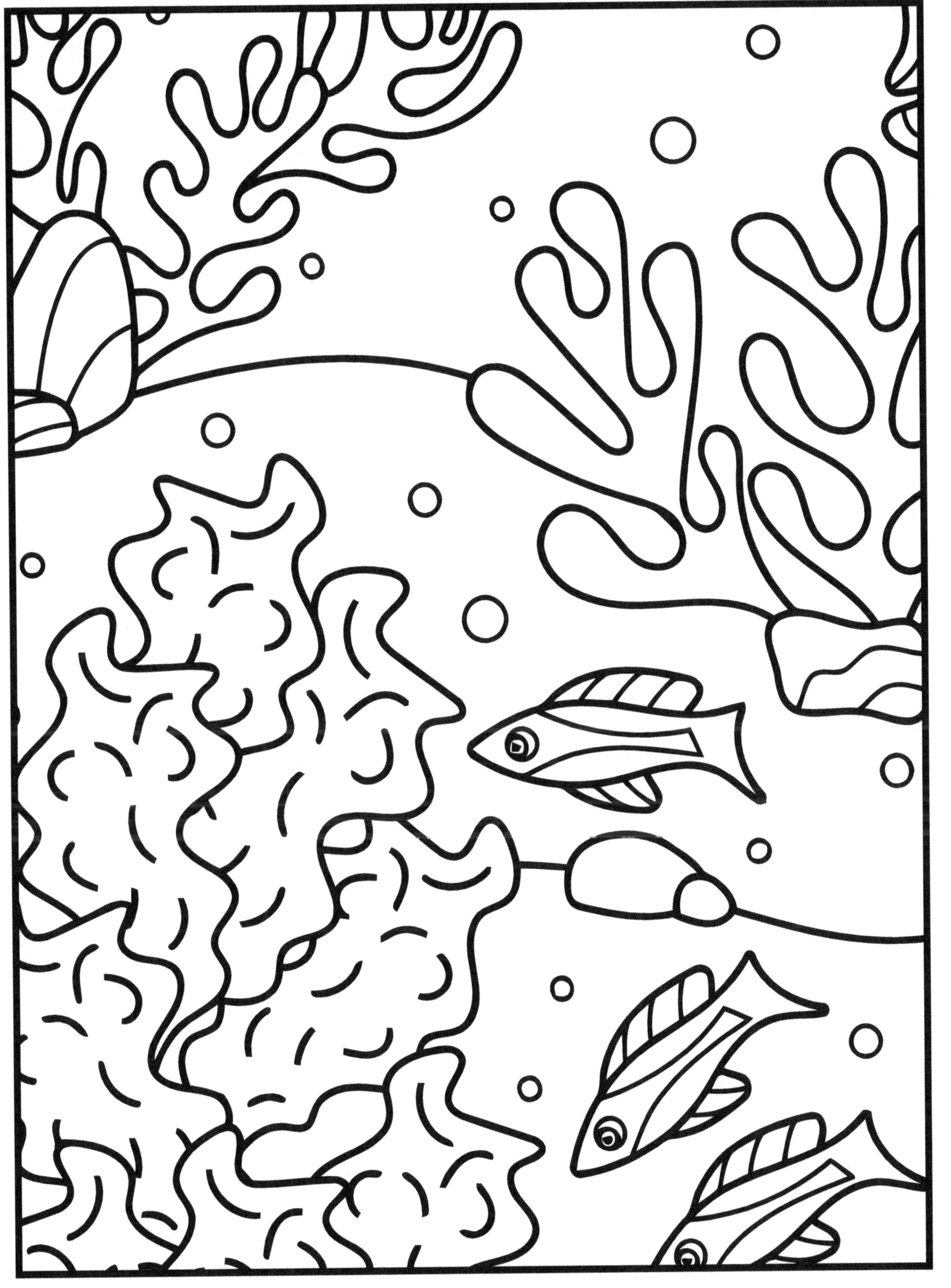

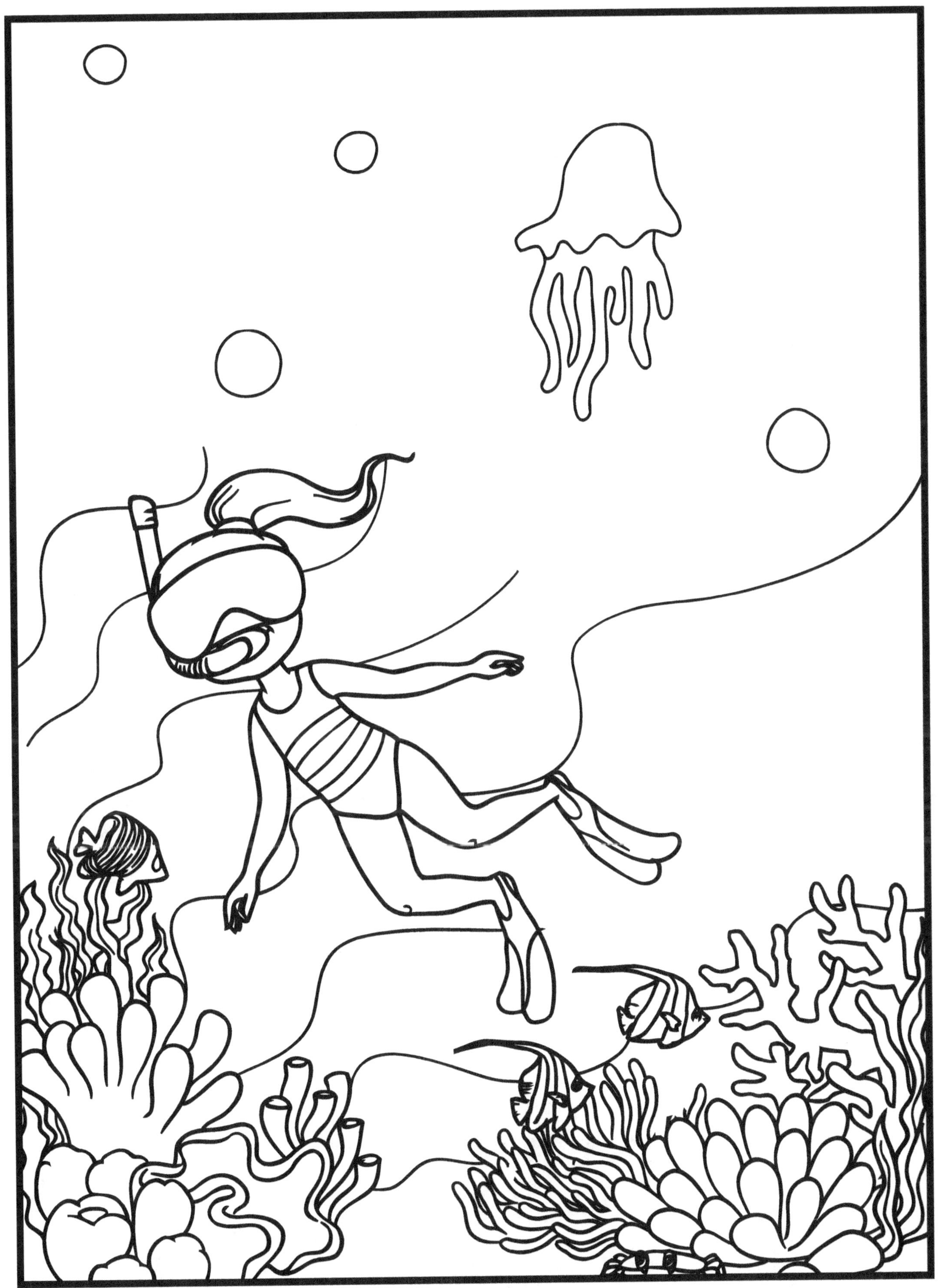

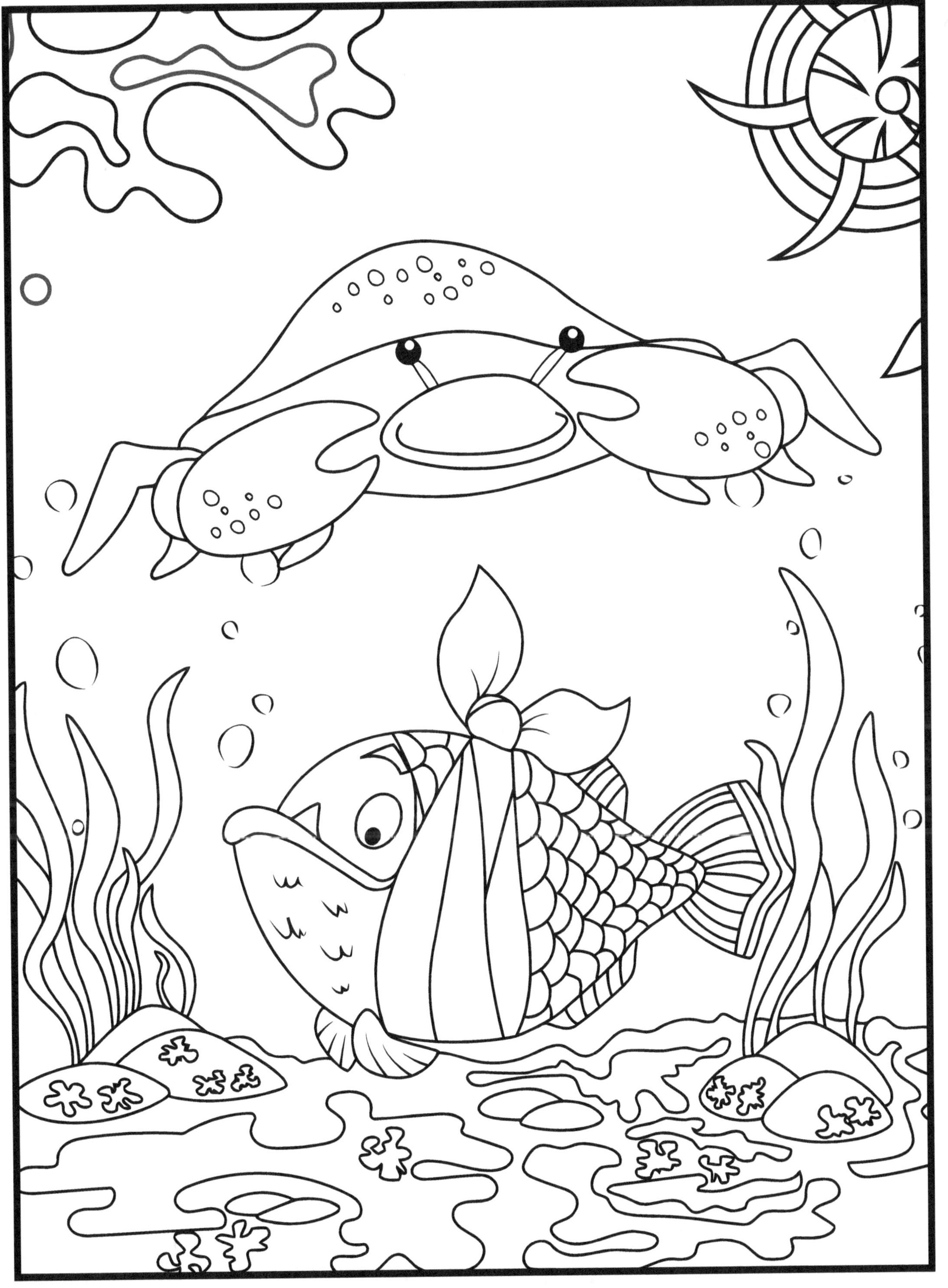

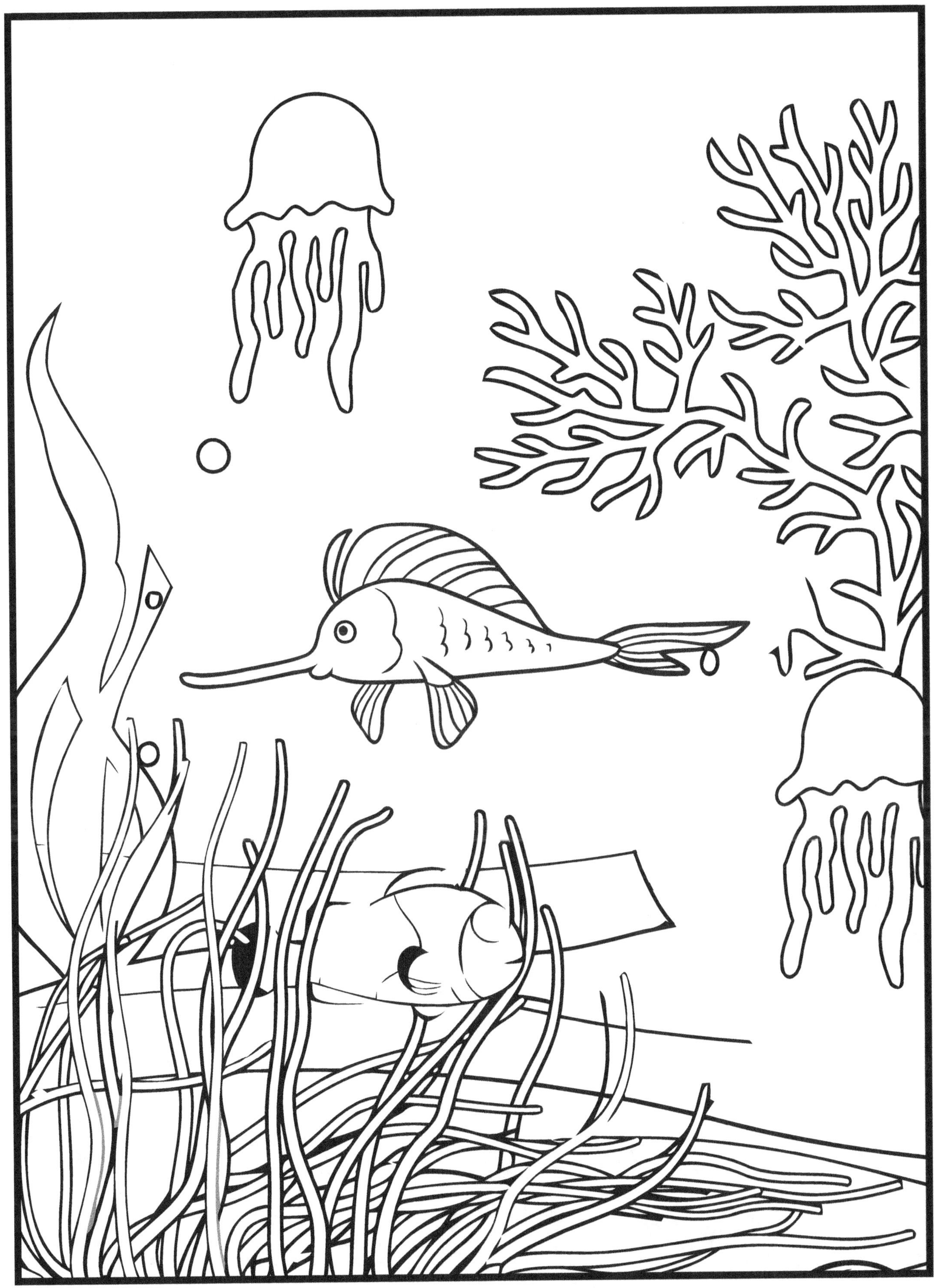

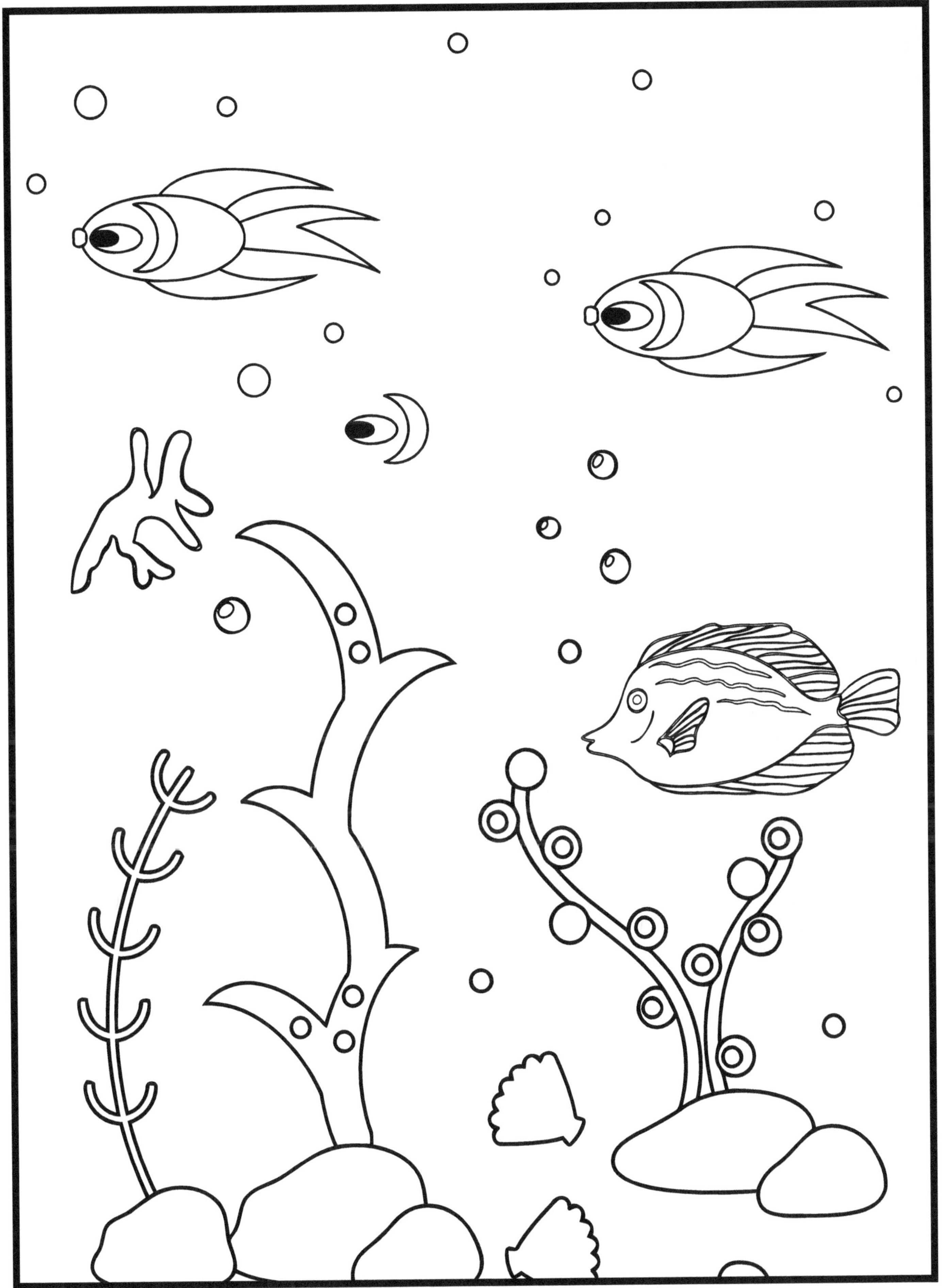

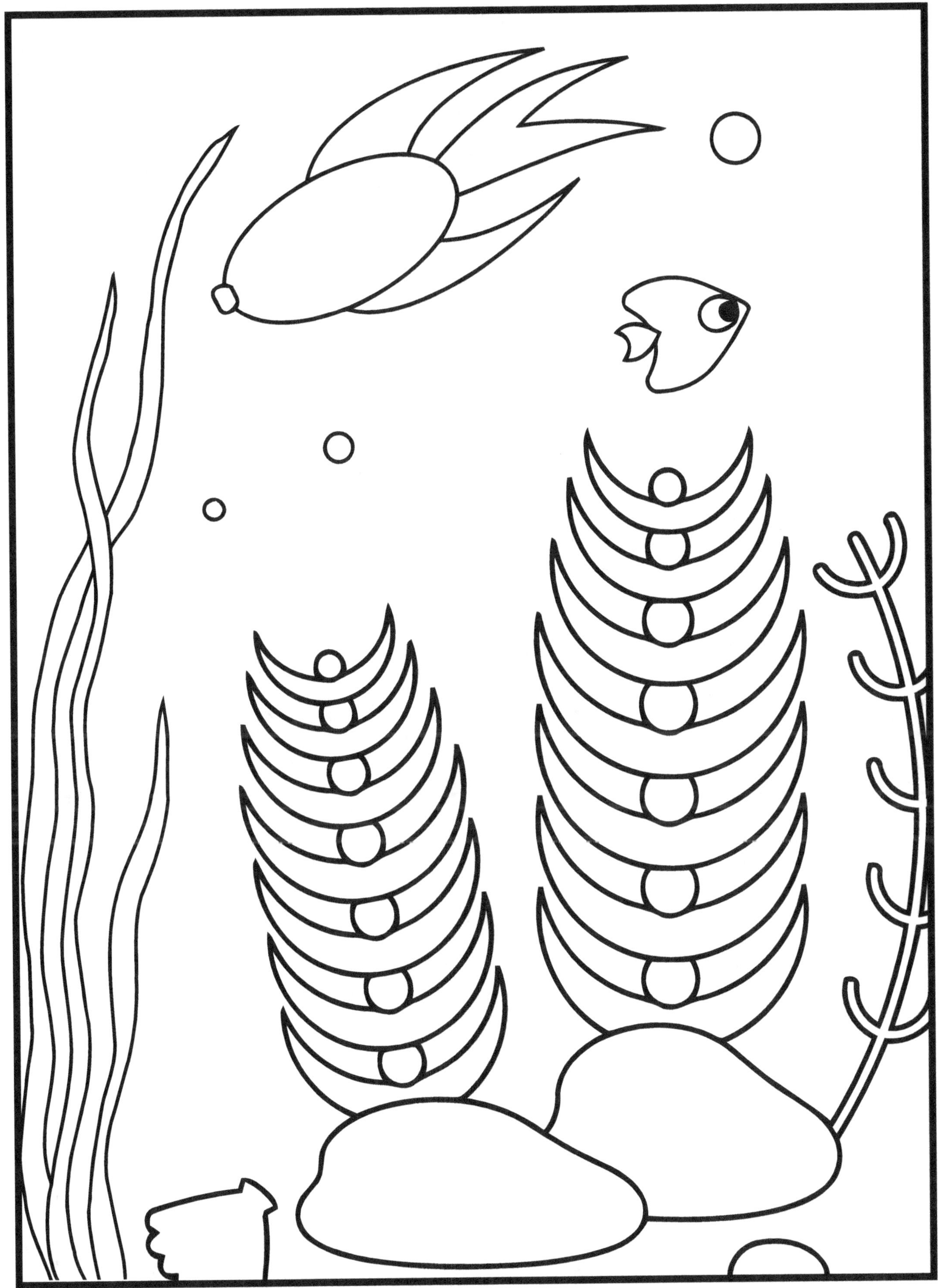

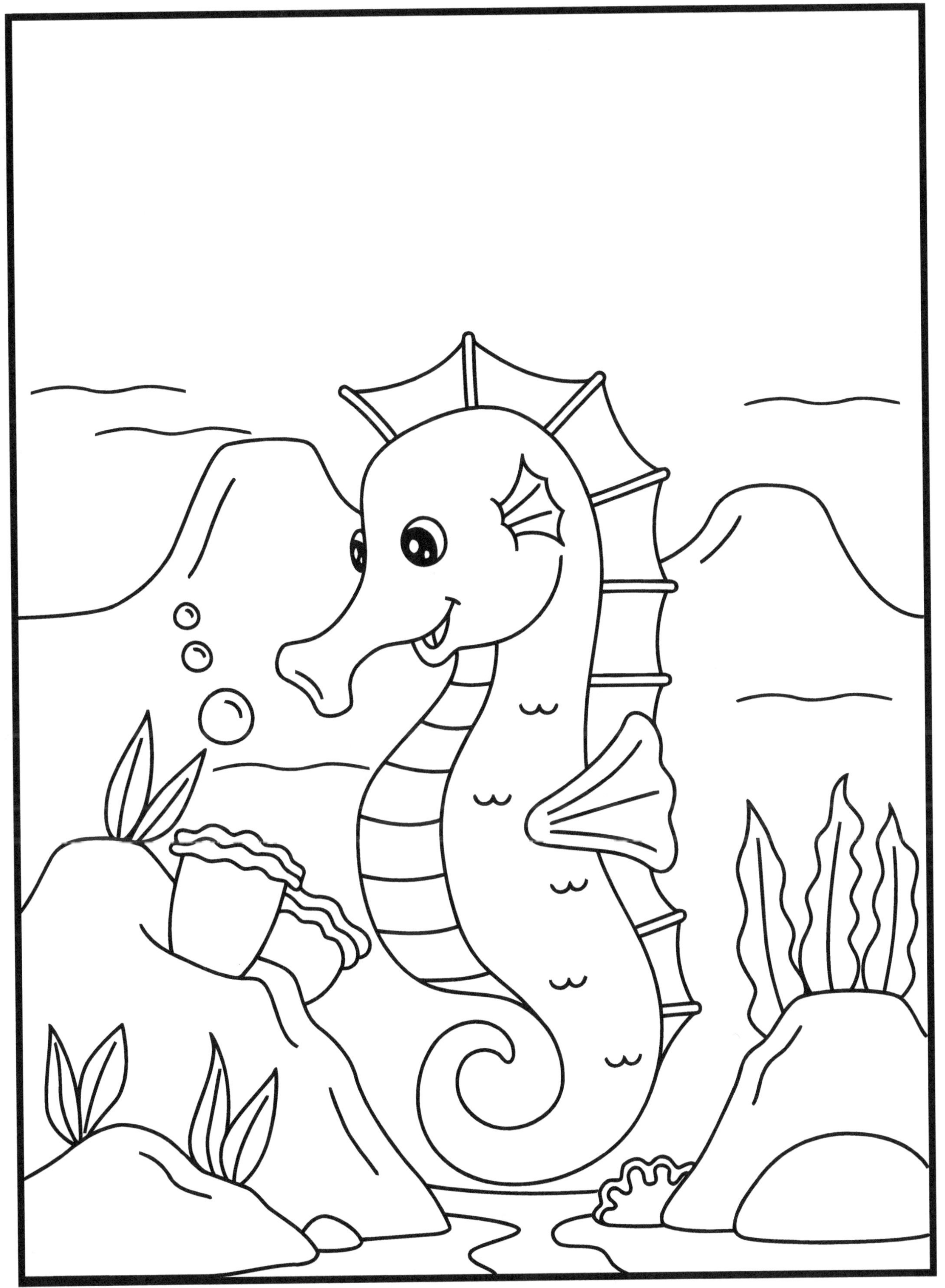

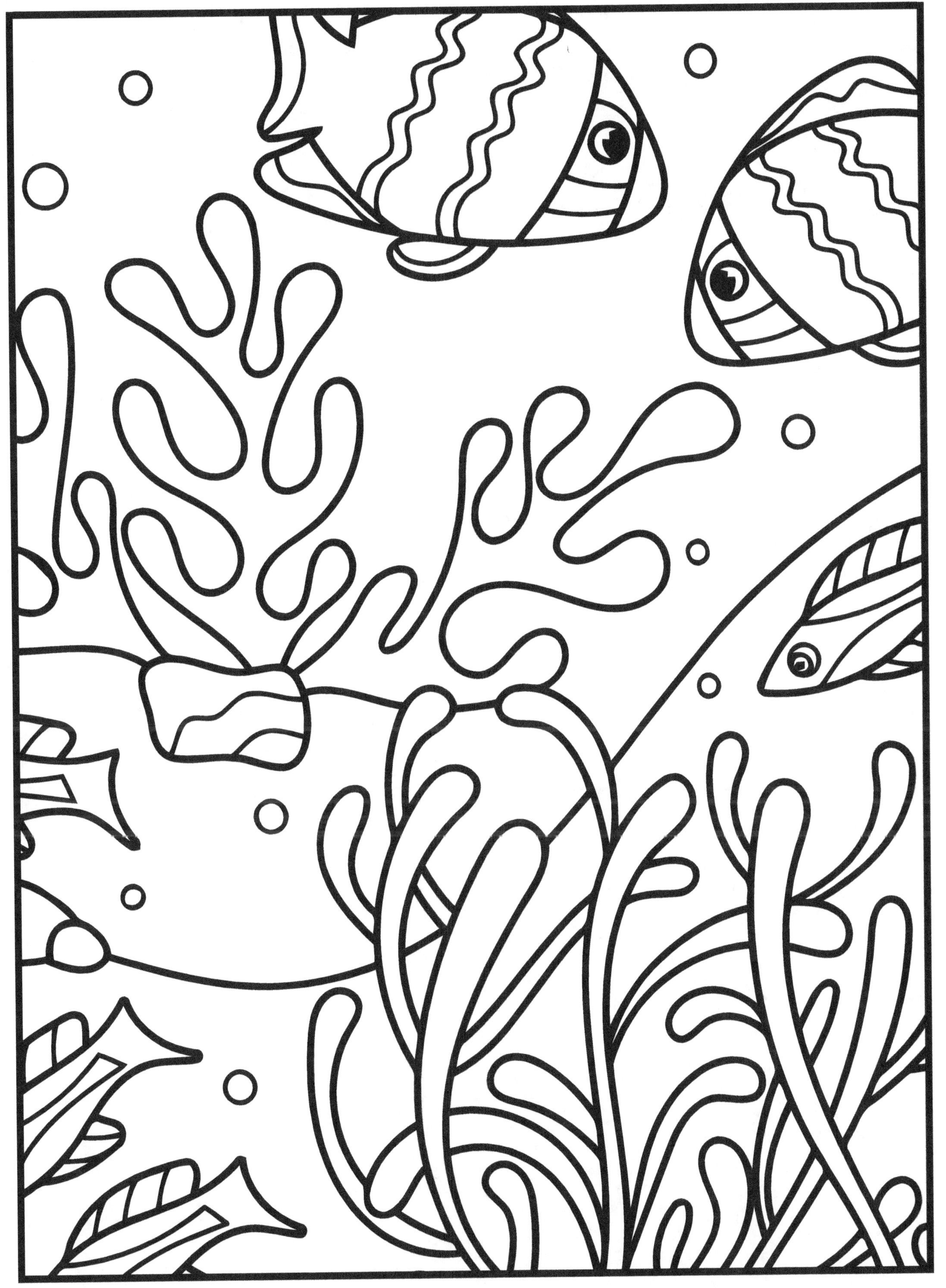

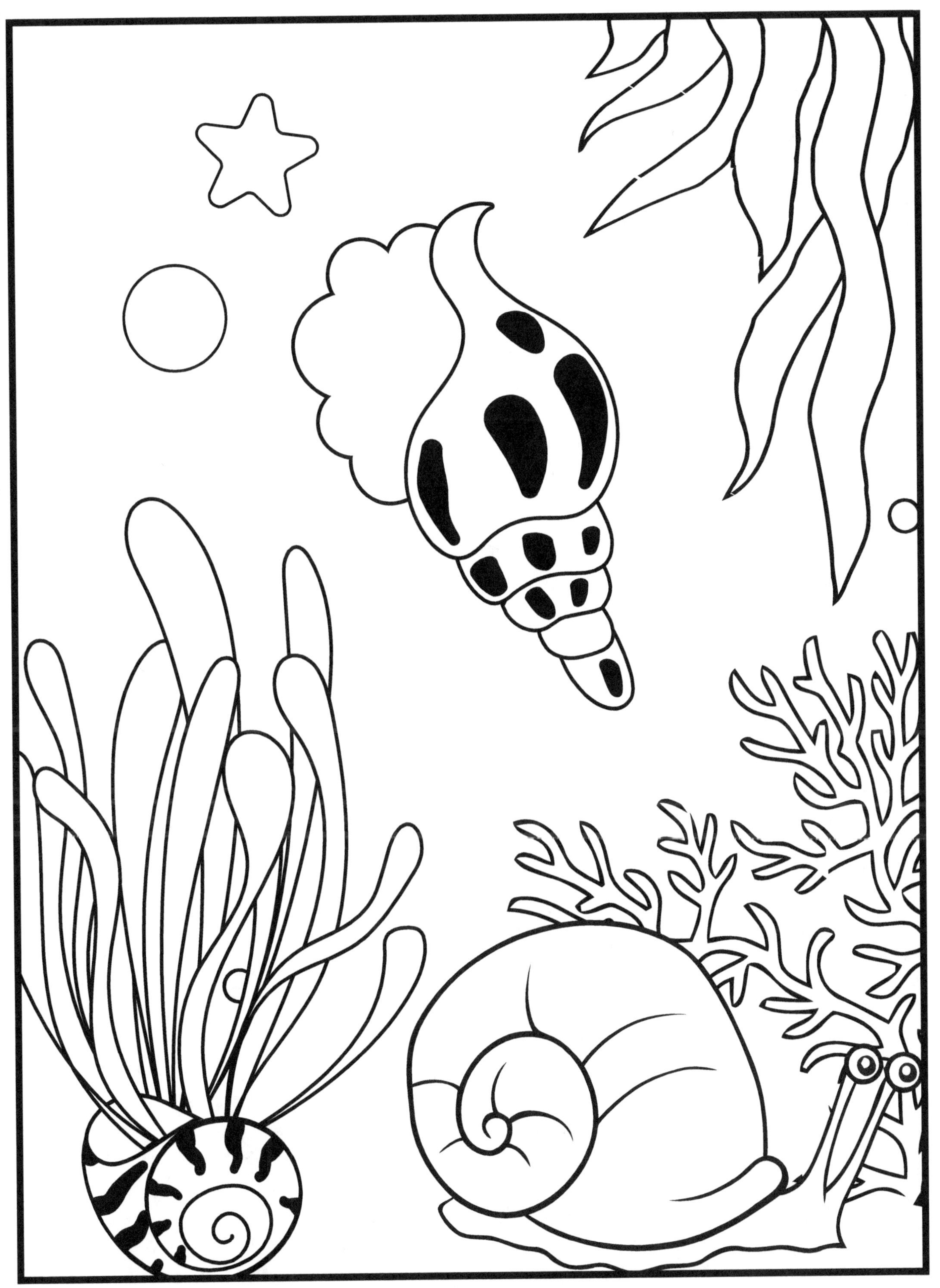

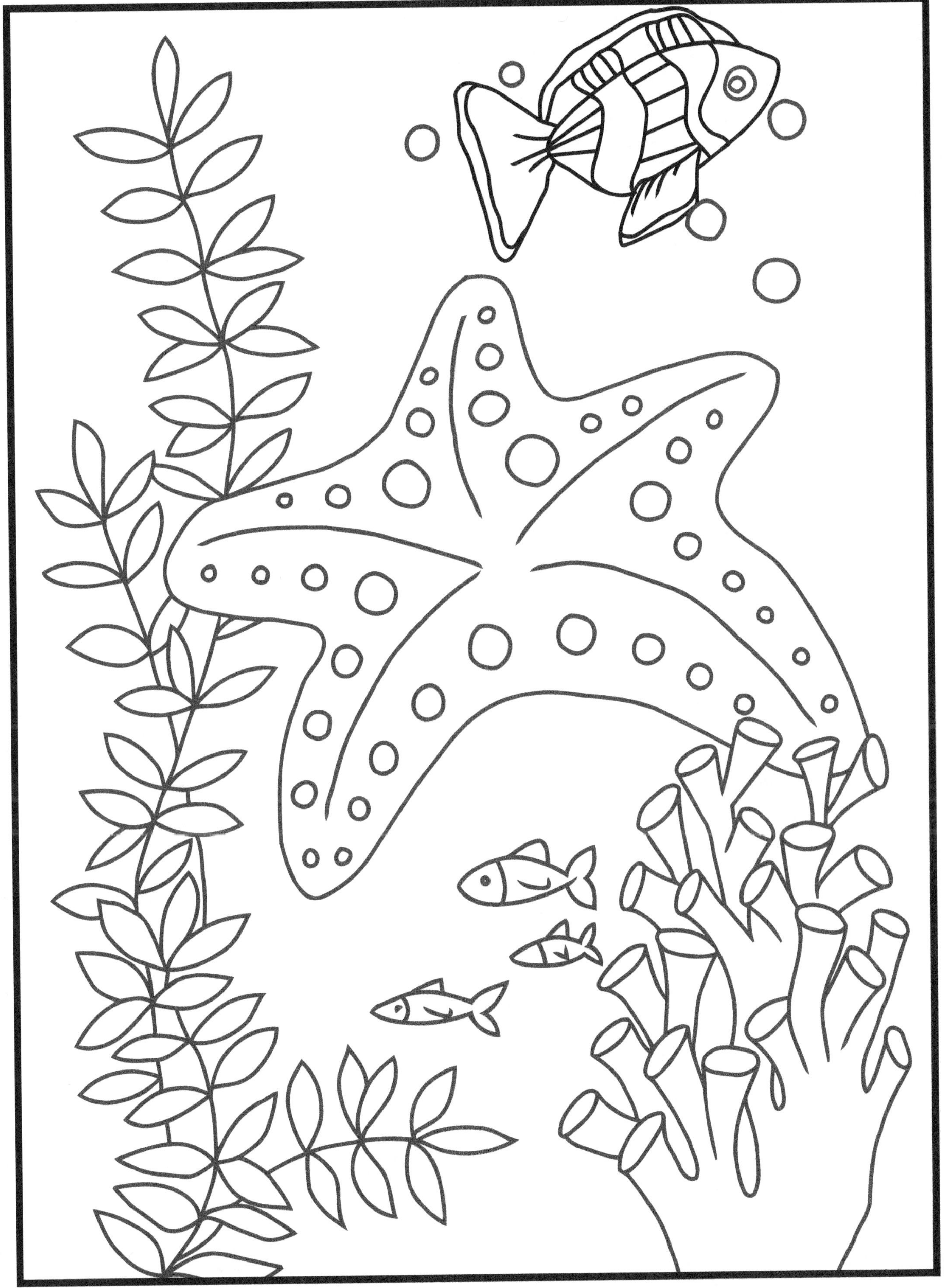

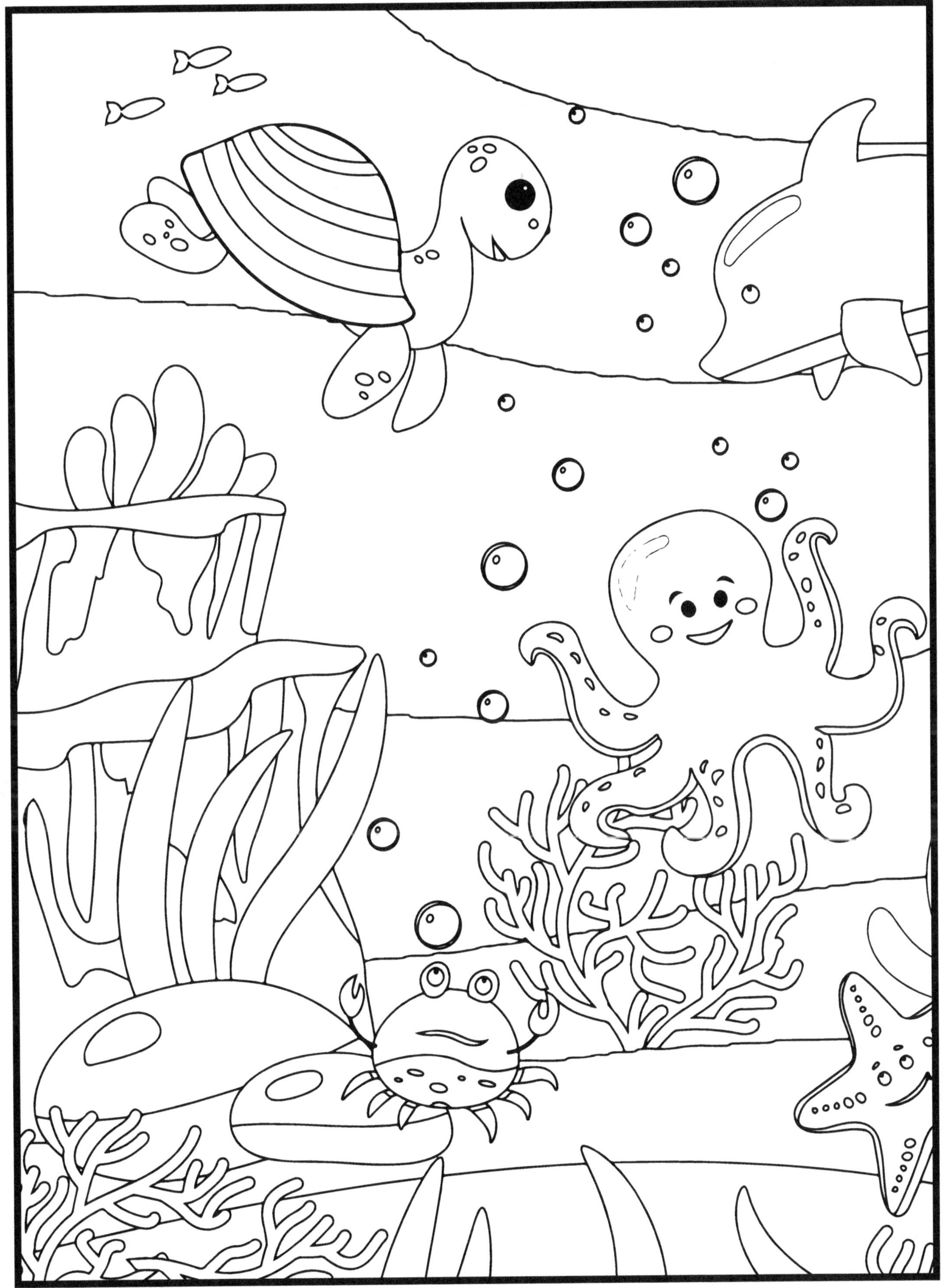

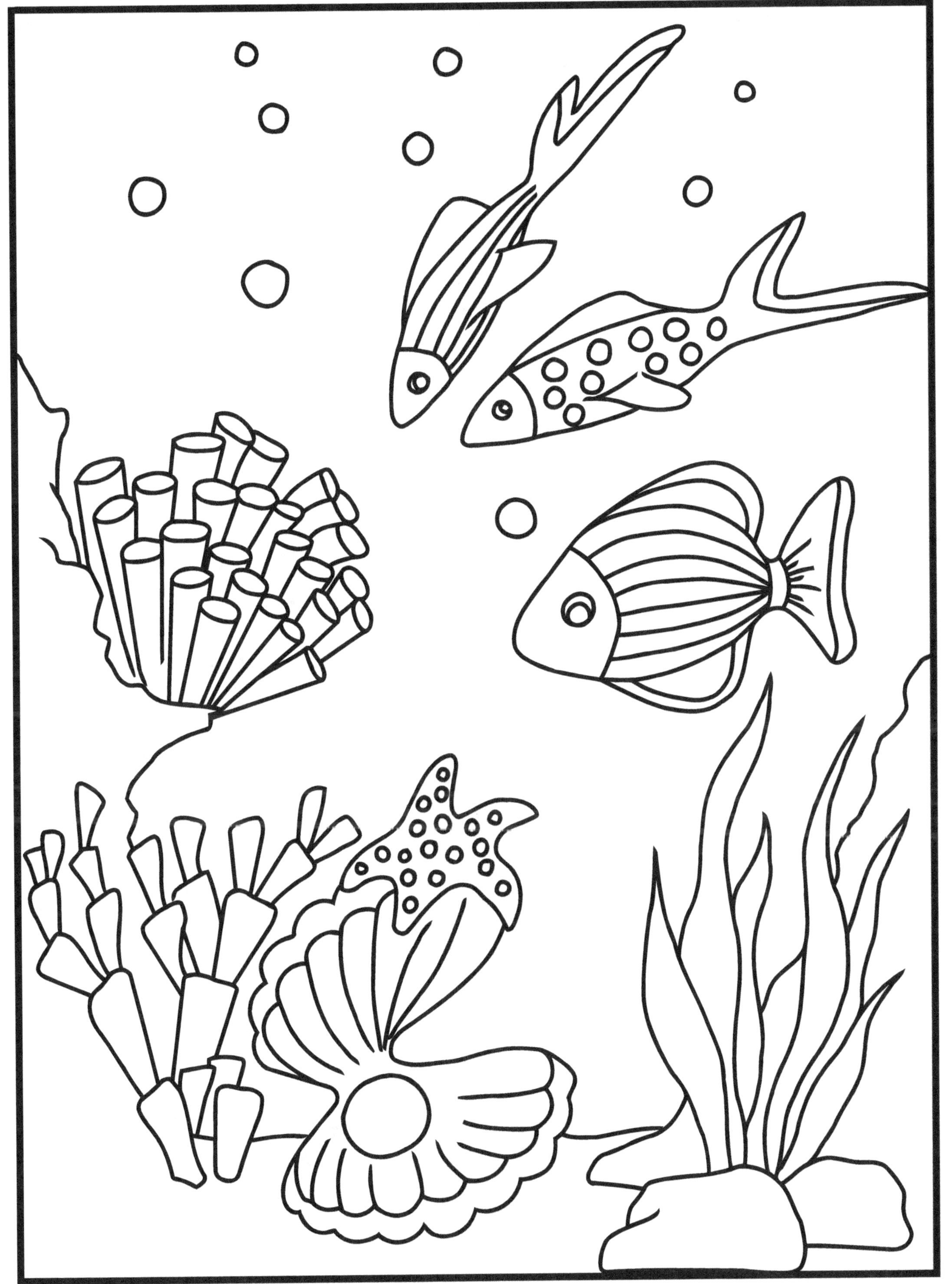

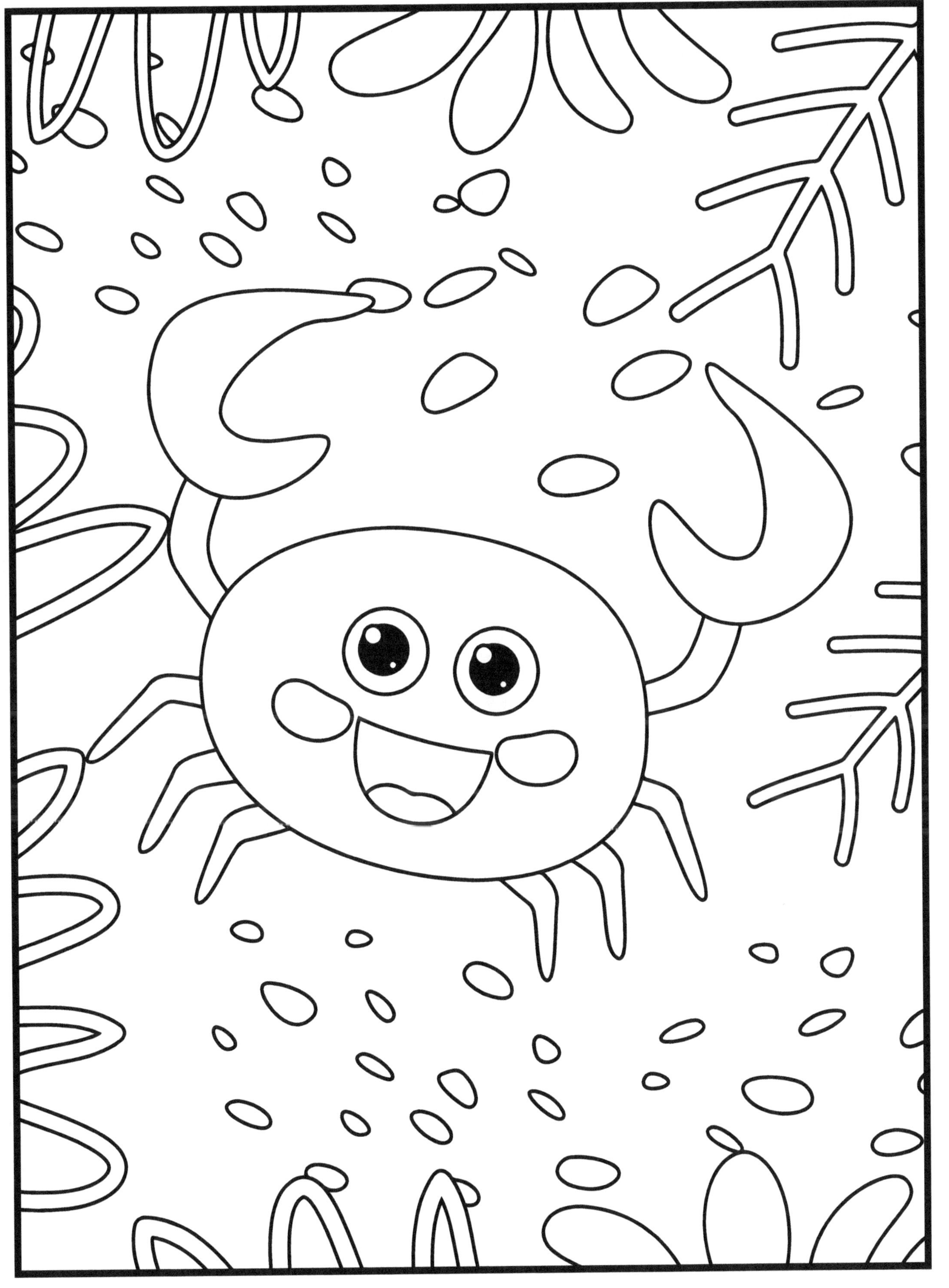

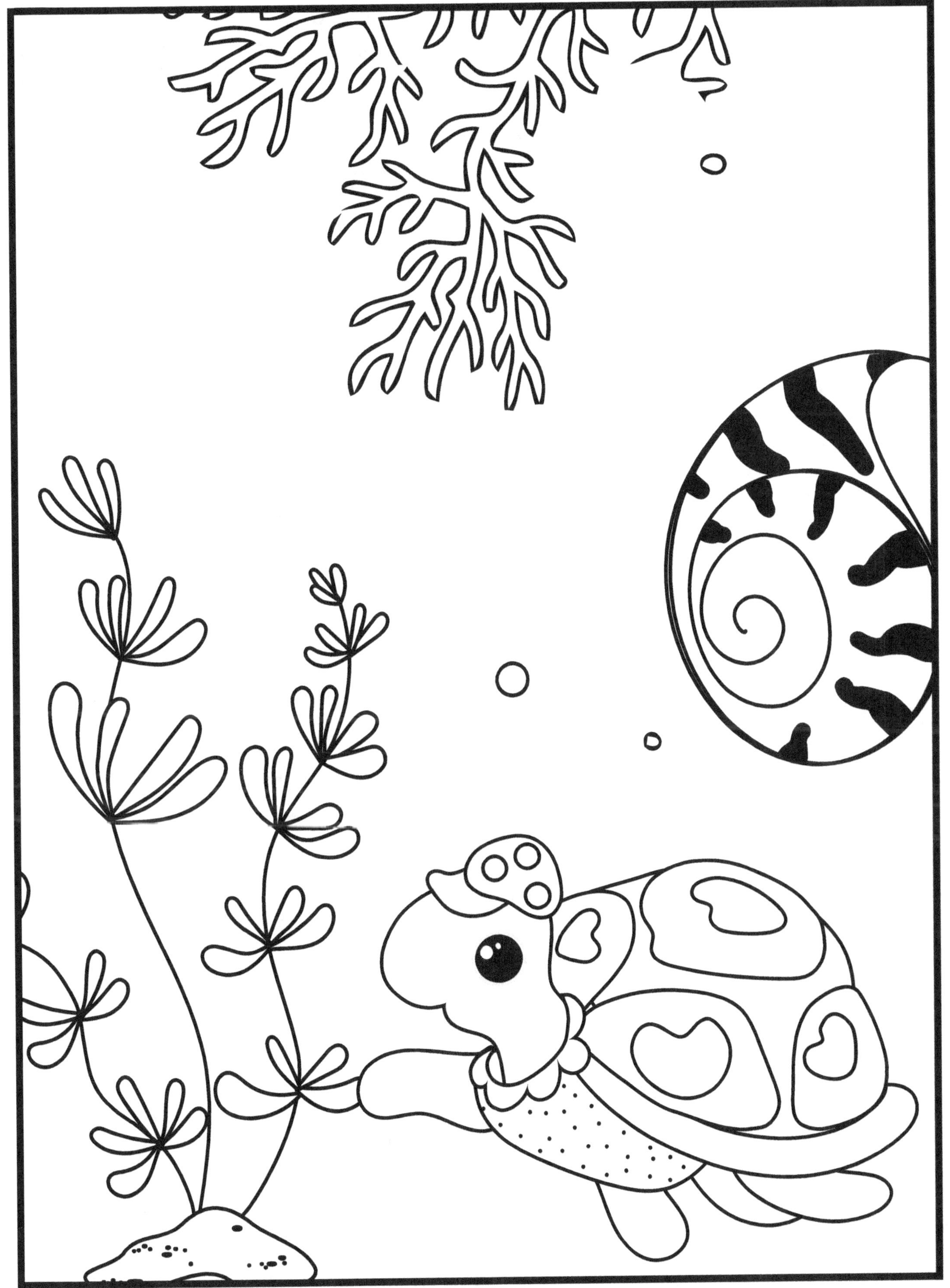

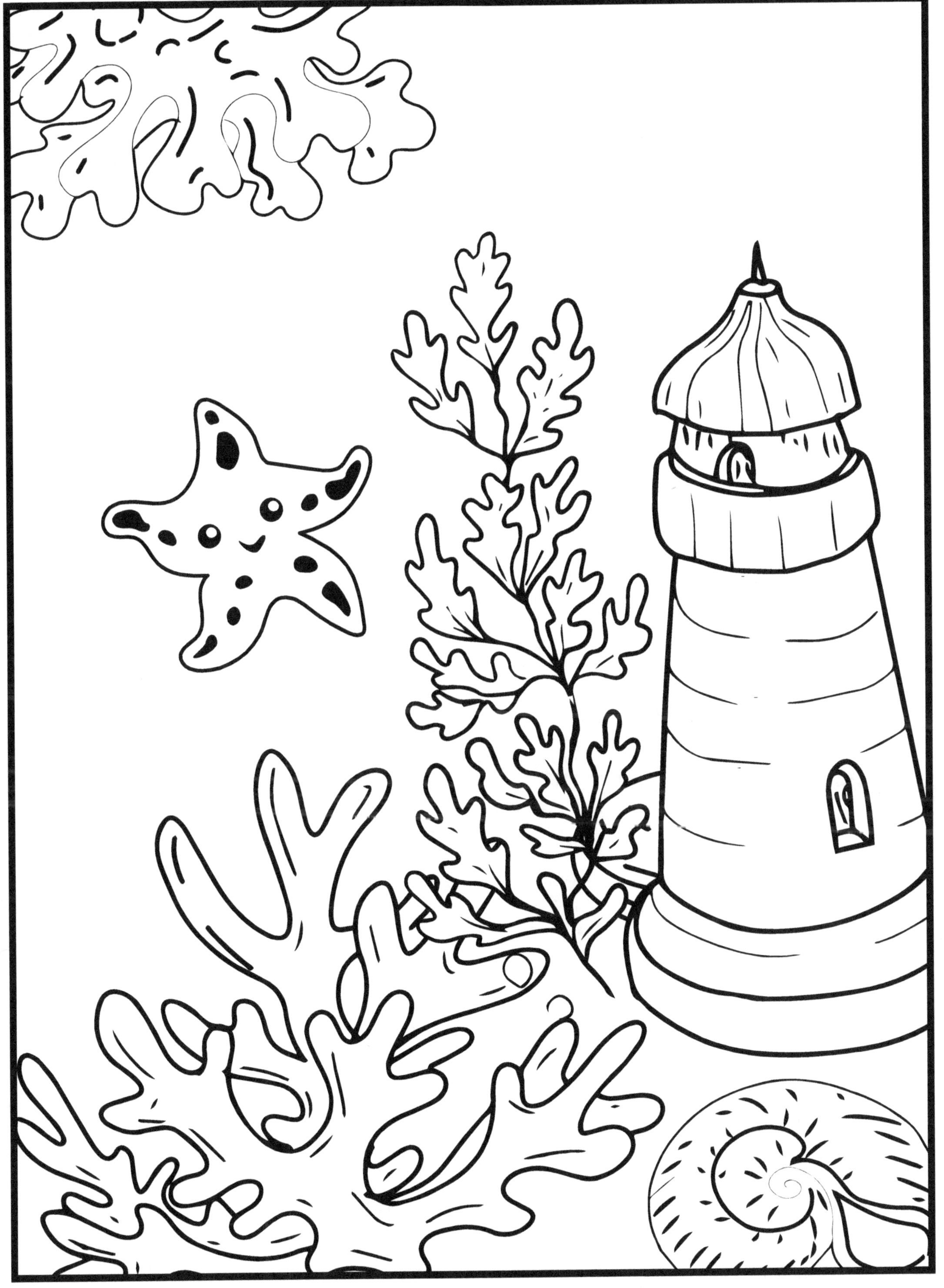

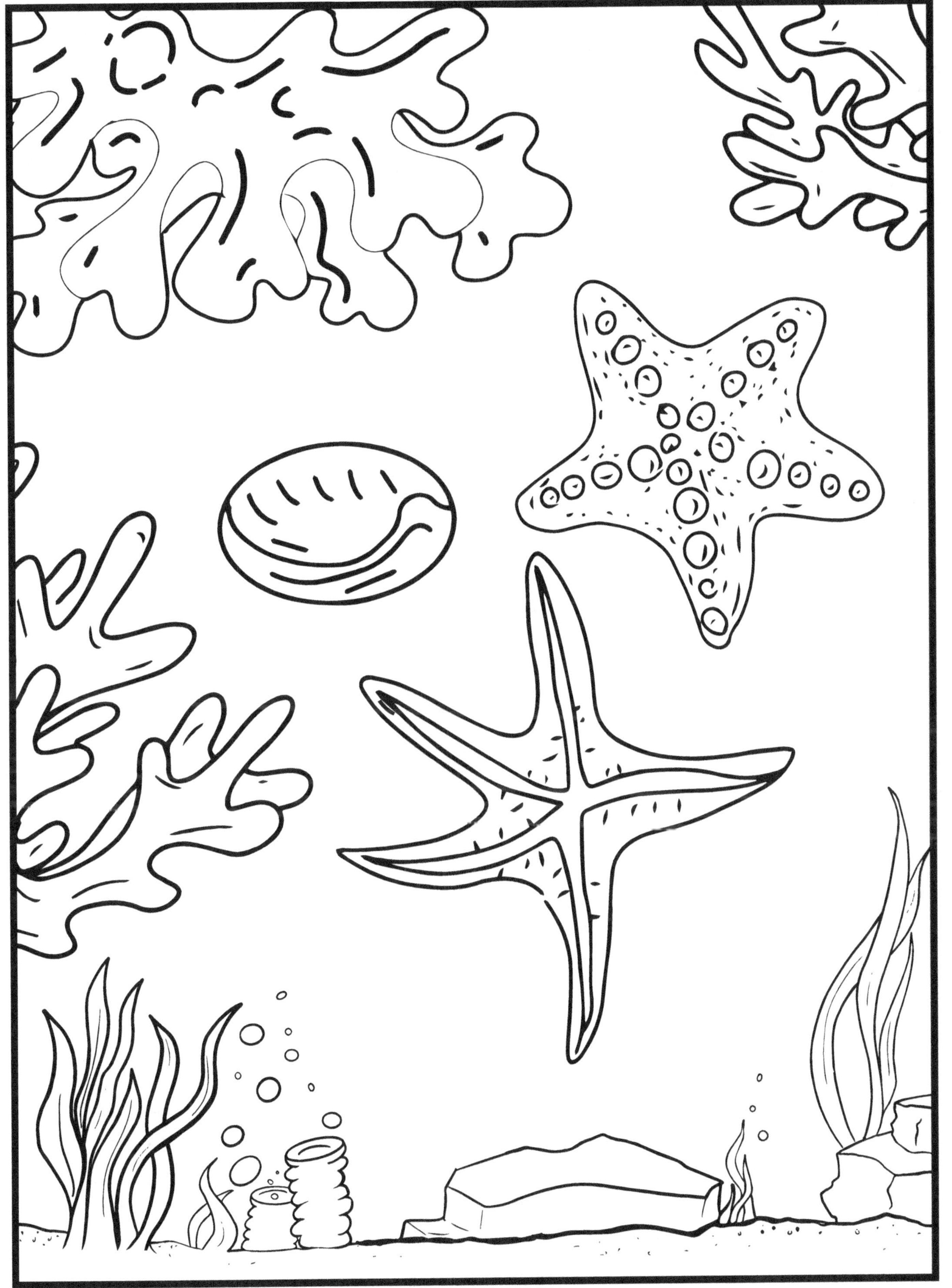

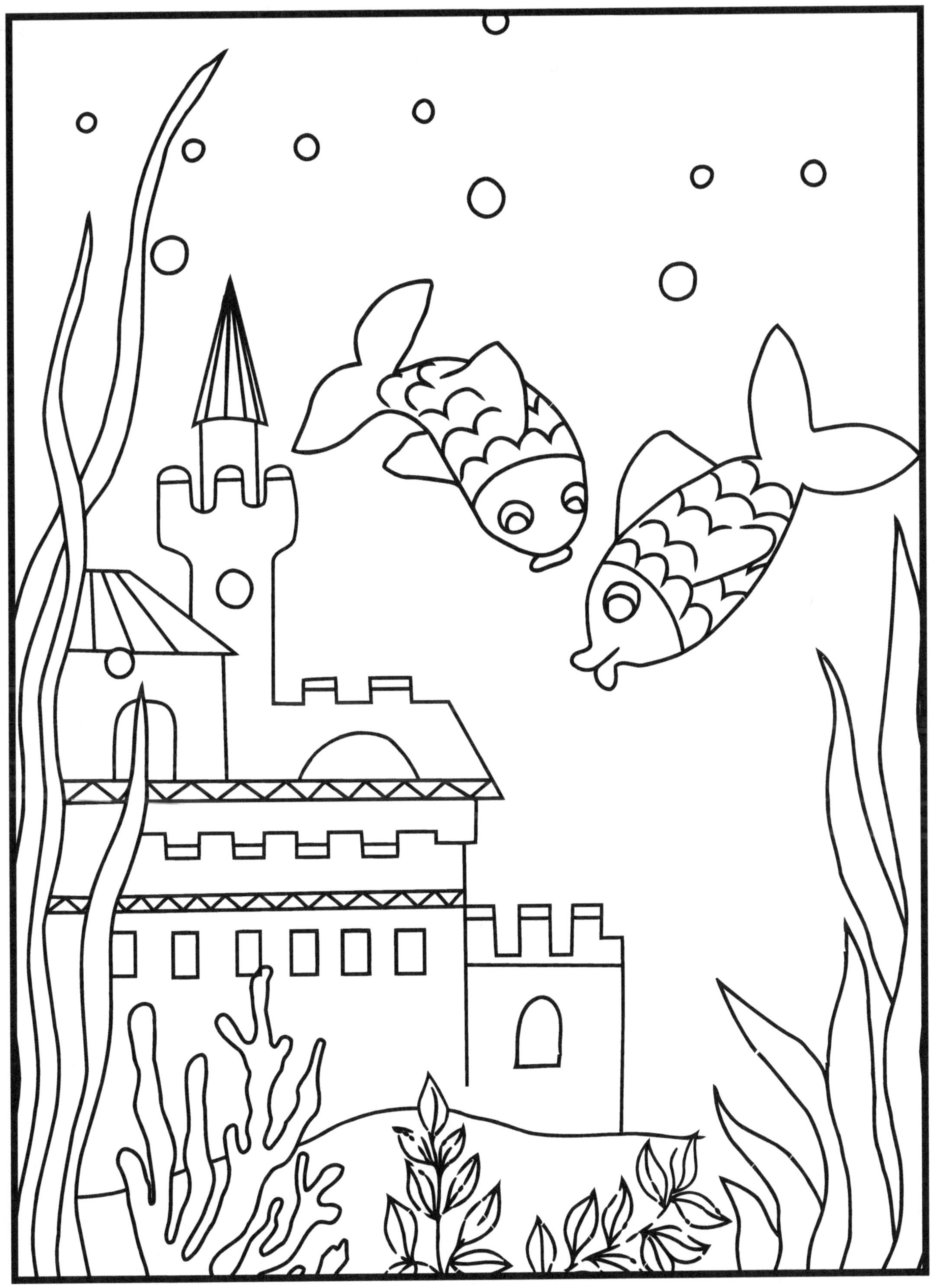

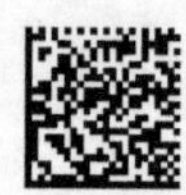